新世ライブラリ Life & Society
2

人づきあい、なぜ7つの秘訣？

ポジティブ心理学からのヒント

相川　充
Atsushi Aikawa

新世社

はじめに――人づきあい、なぜ7つの秘訣？

私たちは、家族や友人、恋人、職場の同僚、地域の人たちと関係を持ち、お互いに影響を与え合って生きています。

私たちの人生は、ほかの人たちとの関係の中で始まり、営まれ、そして終わっていきます。人生での喜びや悲しみは、ほかの人たちとの関係の質で決まります。ほかの人たちとの関係は、私たちが幸福な人生を送れるかどうかに深く影響します。

ですから、人との関わりや、人とのつきあいが少しでも良好になれば、それだけ、人生が幸せな方へ近づくことになります。

あなたの人生を幸せなものにするために、あなたも、人づきあいについての考え方を少し変えてみませんか。考え方を少し変えて、ほかの人に対する今の言動を少し変えれば、あなたの人づきあいは今よりも良好になり、楽しくなります。

この本では、あなたが、人づきあいの今のやり方を変えるための秘訣を7つとりあげました。

これら7つの秘訣を実行すれば、あなたの人生は今よりも幸せな方向へ近づきます。

7つの秘訣は、「二十一世紀の心理学」と言われているポジティブ心理学の観点を背景においています。

ポジティブ心理学は、人間が持つ強さ、回復力、勇気、希望、謙虚さ、共感する力、寛容や感謝、好奇心などのポジティブな特質を、研究対象とする心理学です。この本では、私たちがポジティブな特質を持っていることを前提にして、人づきあいの秘訣を7つだけ厳選しました。

大きな分類としての秘訣は7つですが、それぞれの秘訣を支えるコツやスキルはいくつもありますので、この本全体では、ざっと数えても五十六のコツやスキルを提案しました。それぞれのコツやスキルは、社会心理学や対人心理学における理論や実証実験の結果に基づいたものです。

それにしても、なぜ、7つなのでしょうか？　ラッキーセブンだからでしょうか。一週間は7日だからでしょうか、七転び八起きだからでしょうか。それとも、スティーブン・R・コヴィーの『7つの習慣』にあやかって、でしょうか。また、なぜ、タイトルに「なぜ」と「?」が付いているのでしょうか。

これらの疑問に対する答えは、あなたが、この本を最初から最後まで読めば、分かります。

なお、この本では、心理学の専門用語や専門性の高い解説、あるいは学術論文の文献紹介は、「注」に記しました。「注」も読んで、興味を拡げ、関心を深めてください。

二〇一九年五月

相川　充

目次

第1章

秘訣その一　あいさつで始め、あいさつで終える

●ビジネスはあいさつでまわっている

人づきあいの〝秘訣〟というタイトルに惹かれて本書のページを繰ったあなたは、秘訣その一が、「あいさつで始め、あいさつで終える」であることを知って落胆したのではないでしょうか。「あいさつのどこが秘訣なんだ?」と、腹立たしく思ったかもしれません。

あいさつをすることは、あまりにも当たり前のことですから、「秘訣でも何でもない」と思うのは、当然のことです。

それでも私は「あいさつをすることは秘訣だ」と主張したいのです。私の主張に納得できなくても、まずは、私宛に来た次のメールをお読みください。

突然ご連絡を差し上げる非礼をお許しください。はじめて連絡させていただきます。
私は○○出版編集部、×××と申します。
このたびは、ぜひとも先生にご提案したい書籍企画がございまして、ご連絡差し上げた次第でございます。

（中略）

ご検討いただければ幸甚に存じます。
最後になりましたが、相川先生のますますのご活躍とご健勝を、心よりお祈り申し上げます。

これは、ある出版社の編集者から私宛に来たメールの冒頭と最後の部分です。このメール文には、新しさや独創性はありません。型通りのメールです。だからこそ、このメールを読んで私はこの編集者に会ってみようという気になりました。このメール文が礼儀に叶《かな》っているという印象をもったからです。

ビジネスの世界では、一本のメールがきっかけで新しい仕事が始まったり、初対面の人が出会ったりすることは、よくあることです。それだけにビジネスパーソンにとって、未知の人に出す初めてメールは、どのように書き始めて、どのように終えるか、頭を悩ませるところですが、一定の形式と表現が決まっている手紙文に倣えば、メール文も、おのずと一定レベルの丁寧さを備えた文章になります。

右のメール文をもう一度みてください。メール文の初めの方は、突然の連絡を詫びる定型表現と自己紹介が組み合わされています。メール文の終わりの方も、依頼や謝罪の言葉、そして相手の活躍と健康を祈念する定型表現が組み合わされています。どこにも、このメール送信者の独自の表現はありません。このメール文の最初と最後の部分は、手紙文の定型表現を組み合わせて作られています。

「あいさつとは、一定の機会や場所で、相手に対するこちらの思いを伝えるために、あらかじめ定まっている言葉づかいや動作をすること」と定義するならば、このメール文は、あいさつで始まり、あいさつで終わっています。

私には、海外の未知の人からのメールも届きます。英語で書かれたメールの場合も、日本語の場合と事情は同じです。メール文の最初と最後の部分は、一定の決まった表現の組み合わせで作られています。初めて出すメールが、あいさつで始まり、あいさつで終わるのは、世界共通のことです。

メールだけではありません。ビジネスで誰かと初めて会うときも、あいさつで始まります。日本で初対面の人同士が会えば、名前を名乗り、頭を下げ合いながら名刺を交換します。あいさつの具体的なやり方は、頭を下げ合う場合や握手をし合う場合など、それぞれの相手によって違いがありますが、あいさつで始まることは共通しています。このようなあいさつが済んでから仕事の本題に入り、仕事の話が済めば、「今後もどうぞ、よろしくお願い申し上げます」などと言って、仕事の継続を期待するあいさつを交わしてから別れます。

ある営業職の人が、「初めて行った会社で最初に会った人のあいさつの仕方で、その会社の半分が見える」と、私に語ってくれたことがありました。「会社の半分が見える」のは大袈裟かもしれませんが、ビジネスの世界では、一人のあいさつでその人の会社まで判断するのかと感心しました。

新入社員に対する研修プログラムに、あいさつの仕方を含めている会社が少なくないのは、当然の対策なのかもしれません。

初対面の時に限らず、ビジネスパーソンは仕事が軌道に乗ったあとでも、ほかの人と出会えば、あいさつを交わし、そのあとに仕事の話をして、仕事の話に区切りが付けば、一定のあいさつを交わして別れます。「別れ際に、相手の目をもう一度じっと見つめると、あとの仕事がさらに展開する」と、教えてくれた営業マンもいました。ビジネスの世界は、あいさつで始まり、あいさつで回っているのです。

●あいさつの言葉を支えている思い

あいさつをするとき、私たちはあらかじめ定まっている言葉を使います。朝なら「おはよう」と言い、寝る前なら「おやすみなさい」などと言います。

その場で言うべき言葉が決まっているので、あいさつの言葉を単なる合図のように日々口にしていますが、それぞれの言葉に込められた意味を知ると、あいさつの言葉を口にするときの思いが深くなります。

○「おはよう」は誉《ほ》め言葉

一日の始まりのあいさつの言葉は「おはよう」です。民俗学者の柳田《やなぎた》国男《くにお》（＊1）は、

「おはよう」は、朝早くから起きている相手の勤勉さに感心して、「あなたは、お早いですね！」と、誉め言葉をお互いに掛け合っていたことに由来するという説を唱えています。

私は朝型の生活スタイルを目指していて、ときどき朝の六時台に大学に出ることがあります。人影がまばらな大学構内で誰かに出会うと、お互いにまったく見知らない者同士であっても、自然に「おはようございます」という言葉が口を突いて出ます。そのときの思いは、「自分はかなり早く大学に出て来たと思ったのに、あなたももう出て来ているのですね。お早いですね」という驚きと賞賛が混じった思いです。

このような、見知らぬ人との早朝のあいさつの交換を体験すると、「おはよう」は確かに感嘆の言葉であり、誉め言葉であるという説を実感することができます。

○「こんにちは」と「こんばんは」は相手を気遣《きづか》う言葉

私が指導している中国からの留学生がメール文で、「こんにちわ」と書いてきたので、注意をしました。するとその留学生は、「こんにちわ、と言うのに、なぜ、こんにちは、と書くのですか」と質問してきました。

柳田国男の説によれば、「こんにちは」は、「こんにちは（＝きょうは）、良いお天気ですね」などと言っていた、最初の部分だけが残り、「こんばんは」も、「今晩は、温かい夜ですね」などの最初の部分だけが残り、あいさつ言葉になったと言われています。

私たちの祖先は、小さな村に暮らしていて、お互いに顔見知りでしたから、昼や夜に誰かと出会うと、ひと言ふた言、言葉を交わし合っていました。話題は、おもに天気と労働に関すること、そして、食事を済ませたかどうか心配し合うことでした。

これらの話題を交わし合うときに、当初は、長い表現を使っていましたが、何回も繰り返して口にするにつれて、だんだん短縮して言うようになり、冒頭の部分だけを言うようになりました。

私たちの祖先が、天気と労働と食事のことを話題にしたのは、これらのことが、気になる重要事項だったからです。天気の状態は労働に直接影響を与え、生死に関わります。出会った人と天気のことを言い合って、お互いの様子を尋ね合い、お互いの健康や無事を喜び合ったり、不運や苦しみを嘆き合ったりしたのでしょう。お互いに声をかけ合って、喜びは倍加させ、苦しみや悲しみは半減させようとしたのではないでしょうか。

このような思いで発せられた言葉だからこそ、形は短くなっても、毎日、毎晩、人々の口にのぼり続けて、あいさつ言葉として残ったのでしょう。

「こんにちは」も「こんばんは」も本来は、これらの言葉のあとに、相手を気遣う言葉が来るものだったのですから、現代に生きる私たちも、「こんにちは」と言ったあとに「体調はどう?」とか、「こんばんは。ちゃんとご飯食べた?」などと、相手の様子を尋ねる言葉を付け加えれば、あいさつの語源に叶った使い方になります。

しかも、相手の様子を尋ねる言葉を付け加えれば、あいさつをきっかけに、話を拡げることができます。

○「いってきます」は決意、「いってらっしゃい」は祈り

小学生がいる朝の家庭の風景を思い浮かべてみてください。子どもが登校のために家を出るときに「いってきます」と言います。それに対して保護者は「いってらっしゃい」と言って見送ります。

この、ごくありふれたあいさつの交換に使われる言葉、「いってきます」と「いってらっしゃい」は、不思議な言葉の作りでできています。動詞を2つ重ねているのです。出かける側が言う「いってきます」を漢字で書くと「行って来ます」となって、動詞が2つあります。見送る側が言う「いってらっしゃい」の語源は「行って、いらっしゃ

い」です。「いらっしゃい」は、「来る」の尊敬語ですから、「いってらっしゃい」は「行って来なさい」のことで、やはり動詞が2つあります。

1つのあいさつ言葉に、2つの動詞を入れた私たちの祖先の思いは何でしょうか。

家を出る側が口にする「いってきます」は、「家を一歩出たら何が起こるか分からないけれども、きっと無事に帰ってきます」という決意表明です。見送る側が口にする「いってらっしゃい」は、「必ず無事に帰ってきてください」という願いの言葉です。

出かける側、それを見送る側の両者に共通する思いは、帰って来ることに重点があります。出かけるときに交わされるあいさつが、実は、帰って来ることに思いを込めた言葉なのです。

では、学校に行っていた子どもが「ただいま」と言って帰って来て、保護者が「おかえりなさい」と言って迎えるあいさつの言葉には、どんな思いがこもっているのでしょうか。

「ただいま」は「只今」であり、「たった今、帰りました」が略されたものだと言われています。家を出る者が口にする「いってきます」が、無事に戻ることの決意表明だとすれば、「ただいま」は、その決意を実行した報告の言葉です。「約束どおり私は、たった今、こうして無事に帰りました」と報告しているわけです。

これを迎える側が口にする「おかえりなさい」は、「よくぞお帰りなさいました」が省略されたものだと言われています。

大切な人が家を出るときに、それを見送る人は、「無事に戻ってきてほしい」という願いを込めて「いってらっしゃい」と言い、そうして見送った人が無事に帰ったのを見て、口をついて出る言葉は、「よくぞ無事に戻ってきてくれました」という安堵を含んだ言葉です。これが「おかえりなさい」に込められている思いです。

○「ありがとう」なのに、なぜ「すみません」と謝るのか

「蟻が鯛なら芋虫や鯨」という言葉を聞いたことがあるでしょうか？　これは、「ありがたい」を、照れ隠しに言った表現だそうです（＊2）。

「ありがとう」の語源は、もちろん「蟻が鯛」ではなく、「有り難い」です。「難（かた）い」は、「難（むずか）しい」のことですから、有り難いは、「有ることがむずかしい」、つまり「めったにないことだ」という意味です。

もともとは、神仏が示す不可思議な力が現れたり、何かご利益（りやく）があったりしたときに、「このようなことはまれにしか起こらない」と、喜び尊ぶ気持ちを込めて

「有り難い」と言っていたのが、江戸時代あたりから、ほかの人に対する感謝の意味で使われるようになったと言われています。

したがって、「ありがとう」と言うのは、「あなたの行為は決して当たり前のことではなく、誰もが容易にできるわけではない貴重な行為です」と、相手に伝えていることになります。このような「ありがとう」の本来の意味を知ると、この言葉を言うときには、思わず相手に頭を下げたくなります。

ところで私たちは、感謝の気持ちを表すために、「すみません」とも言います。「すみません」は、本来は、人に謝るときの言葉です。私たちは人に感謝するときに、なぜ、謝るのでしょうか。いったい何に対して謝っているのでしょうか。

英語圏の人たちや中国の人たちは、感謝するときに謝罪の言葉を使うことはないそうです。彼らは、人に何かしてもらったり物をもらったりしたときに、「自分がどれほど助かったか」「自分がどれほどうれしいか」と、自分のことを相手に伝えますから、謝罪の言葉は必要ありません。

「すみません」は、漢字を交えれば「済みません」と表記しますが、先ほどから参考にしている柳田国男は、「気が澄まない」「心が澄まない」の「澄まない」が語源ではないかと考えています。そして、「あなたにこの様なことをしていただいては、私の心が安らかではありませんというのが、このスミマセンの最初の感覚」だと述べています。

私たちは、人に何かをしてもらったり物をもらったりすると、うれしさやありがたいという気持ちもさることながら、相手が好意や厚意を示してくれるために被った苦労や迷惑に思いが行き、相手を気遣い、心が穏やかでなくなります（＊3）。その結果、相手に苦労や迷惑をかけたことを謝らなくてはならない気持ちになって「すみません」と口にするわけです。

感謝の意味で「ごめんなさい」と言ったり、「恐縮します」「心苦しいです」と言ったりするのも同じ心理が働いているのです。感謝するときの「すみません」は、私たち日本人が、人間関係において相手のことを気遣う特質を表している言葉です。

対人心理学では、私たちがどのように「ありがとう」と「すみません」を使い分けているのか研究しています。大雑把な結論を言うと、次のようなことが使い分けに関係しています。

第一は、感謝の言葉を口にする人と、その言葉を受ける人との地位関係や年齢です。たとえば、部下は上司に「ありがとうございます」も「すみません」も使いますが、上司は部下に「すみません」は、あまり使いません。親が幼児に「ありがとう」と言うことはあっても、「すみません」は言わないでしょう。

第二は、相手が、好意や厚意を示すために支払った時間や労力やお金の大きさです。たとえば、助けるために高額を使ってくれた相手には、「すみません」と言って、謝罪の意味合いを含んだ感謝の言葉を言いたくなります。

第三は、好意や厚意を示してくれた相手が、その人の役割を超えて示してくれているのか、役割の範囲内なのかということです。たとえばホームで、乗りたい電車が分からないときに、駅員が教えてくれたことに感謝するなら「ありがとう」ですが、見知らぬ人が教えてくれたなら「すみません」になります。

第四は、こちらからお願いをして助けて貰ったのか、相手が助けを申し出てくれたのかによって違ってきます。こちらからお願いした場合は「すみません」、相手が申し出てくれた場合は「ありがとう」です。

右に記した一から四はいずれも、あくまで一般論です。言葉は、それを発するときの前後の文脈、言い方や表情や身振りなどにも強く影響を受けます。同じ言葉でも、言い方次第で意味が違ってきます。たとえば、同じ「ありがとう」や「すみません」でも、文脈や言い方によっては、皮肉にさえなり得ます。

○食材への感謝「いただきます」、相手への感謝「ごちそうさま」

外食する人や一人で食事をする人が増えて、食事の前に「いただきます」を言う人が減ってきたのではないでしょうか。その場に、自分が知っている人がいないから、「いただきます」を言う必要がないと考えがちです。

しかし、「いただきます」は、ほかのあいさつ言葉に比べると、目の前にあいさつを受けとる人がいなくても口にできる点に特徴があります。「いただきます」は、今から食事ができることへの感謝の言葉であり、その場にいる人よりも、食べ物を口にすることそのものに重点があるあいさつ言葉です。

語源的には、「いただきます」は、「頂く（頭に載せる、高く捧げるという意味）」や、一番高いところを意味する「頂（いただき）」にあると言われています。

私たちの祖先は、自分よりも身分が上の人から何かをもらったり、神仏へのお供え物をもらったりするときに、両手で自分の頭上に高く捧げる動作をしていました。この動作を、食事を始める前にもするようになり、「食事をすること」を「いただく」と言うようになり、やがて食事をする前に「いただきます」と口に出すようになったと考えられています。

他方、仏教関係者は、「いただきます」とは、食材になった植物や動物の命を「いただく」ことへの感謝の言葉だと説くことがあります。

仏教教義の中で、本当にそのように解釈されているかどうかは知りませんが、これからの日本や世界を支えていく子どもたちに語って聞かせる「いただきます」の意味としては、これはとても優れていると思います。

狭い日本だけでなく地球規模で見ても、食料は有限であり、世界の人口に比べて食糧不足は緊急の課題です。食事をする前に「いただきます」と言って、食材である植物や動物の命に感謝し、あわせて食料の有限性や、容易には食事もままならない人たちの事へ思いがゆく子どもが増えれば、食糧問題の将来は、必ずしも暗くないかもしれません。「もったいない」が「mottainai」になったように、「いただきます」は、日本だけでなく、他の国や文化の人たちにも広めたい言葉です。

食事のあとの「ごちそうさま」は、漢字で書けば「御馳走様」です。「御」も「様」も相手への敬意を表す言葉ですから、「ごちそうさま」は「いただきます」よりも、目の前に人を想定したあいさつの言葉です。「馳走」は、食材を手に入れるために、または食事の準備のために走り回ることを意味しました。

このあいさつ言葉ができた頃は、今のように冷蔵庫もスーパーマーケットもコンビニもありませんし、電気もガスも水道もありません。食材をそろえて、おもてなしの準備をするのは、本当に走り回る必要があったはずです。準備のために走り回る「馳走」の意味が転じて、食事を出して、もてなすことを意味するようになったのは、うなずけます。「ごちそうさま」は、食事の準備のために走り回るような思いをして、もてなしてくれた人に向かって、もてなされた方が、「御」と「様」をつけて丁寧にお礼と感謝を述べている言葉ということになります。

○「さようなら」よりも「おやすみなさい」は思いが強い

「さようなら」と「おやすみなさい」はどちらも、人と別れるときに口にするあいさつ言葉です。両者の違いは、「さようなら」は、朝でも昼でも夜でも使えますが、「おやすみなさい」は夜しか使えない点です。もうひとつの違いは、この言葉を言う相手への思いの強さです。

「さようなら」の「さよう」は、「そうですか」「そうだったんですか」などの「そう」の丁寧語です。今まで話をしていた相手と話を打ち切り、「それでは、これでお別れしましょう」と言うときの「それでは」に相当します。つまり、「さようなら」は、「それでは」と言って相手と気軽に分かれるときの丁寧な言い方なのです。

ですから、「さよなら」という言葉自体は、相手への思いが特に強いわけではありません。相手への思いを込めたいときは、「さようなら」だけではなく、このあとに「お元気で」などと、相手に対する配慮を口にすることになります。

これに対して「おやすみなさい」は、この言葉自体に相手への思いが込められています。

「おやすみなさい」は、相手に向かって「休みなさい」と命令する言葉に由来しています。命令形ではありますが、「おやすみなさい」の「やすむ」は、「寝る」の丁寧語ですし、「なさい」は、「する」の尊敬語「なさる」の命令形ですから、全体として相手に対する敬意を含んでいます。

「おやすみなさい」と、相手に向かって言うときの気持ちは、相手へのいたわりです。一日の終わりに「きょうも、いろいろ大変なこともあったでしょうが、とにかく、もうお休みになったらいかがでしょうか」という心優しい命令形です。

以上、基本的なあいさつの言葉について、語源的解釈を踏まえて、あいさつの言葉に込められた心理を見てきました。共通するのは、目の前の相手への思いやりです。あいさつの言葉は、目の前にいる人に対する配慮を即座に表現することができるのです。

あいさつの言葉の本来の意味をときどき思い出して口にすれば、決まり切ったあいさつの言葉に、あなたの思いがこもるはずです。

●あいさつという行為の起源は何か？

私たち人間は、洋の東西を問わず、「あいさつ」と呼ぶべき、一定の言葉と動作をとっています。私たち人間は、なぜ、あいさつと呼ばれる言動をするようになったのでしょうか。

人間の行動の起源を考えるときは、動物行動学や進化論の考え方を採用して、動物と人間との共通点を考えたり、人類の祖先の振る舞いを想像したりすると、答えが見えてきます。そこでまず、身近な動物として犬の行動を思い浮かべてみましょう。

一頭の犬が人間に連れられて散歩に出たときに別の犬に出会ったとします。犬は、別の犬に気づくと止まって、その犬をじっと見つめ、少し近づき匂いを嗅ぎ、場合によっては吠えたり、逆に尻尾を振ったりします。自分よりも相手の犬が圧倒的に強くて恐怖を感じれば、尻尾を後ろ脚の間に挟み込んで服従のポーズをとります。

このように犬は、別の犬に出会ったときに、すぐに相手に飛びかかったり、逆に、すぐに逃げ出したりはしないで、相手の様子を探る動作をします。これが、あいさつ行動の起源だと考えられています。

人類の場合も同じです。

たとえば、人類の祖先ホモ・サピエンスの一人が、ある日、石の武器を持って洞窟から外に出て、狩猟に出かけたとします。すると彼は、これまで見たことのない別のホモ・サピエンスと出会いました。彼は、いきなり飛びかかったり逃げ出したりはしません。相手の様子をうかがい、敵かどうか判断します。そのために歯をむき出してみたり声を挙げてみたり手を振ってみたりします。もし、相手も同じような身振りをして、しかも笑顔の白い歯を見せてくれれば敵ではないと判断できます。

このような出会いが繰り返されるうちに、一定の言葉や動作が、出会ったときに常に使われるようになり、やがて、あいさつの仕方として定着したと考えられます。

あいさつは、相手が危害を加える者であるかどうかを確かめて、自分が危害を加える者ではないことを伝えるために発達してきたのです。

出会った者同士が、あいさつを実行すれば、余分なことを言ったり余分な動作をしたりしなくても、お互いが同じグループの者であると確かめ合うことができます。逆に、あらかじめ決まっている言葉や動作を実行しない者がいれば、自分たちのグループの者ではない怪しい者、警戒すべき者だと、すぐに分かります。

いつ、どこで、誰に、どのような言葉を使い、どのような動作をするのか、各グループ内でルールとして決めておけば、グループの内側の人間と外側の人間を即座に区別するのに便利です。

こうして、ほかの人と出会ったときの声の出し方や身振りの仕方が、人類のそれぞれのグループの中で、だんだん決まっていき、あいさつとして定着したのです。

アメリカ人は初対面の人と握手をします。この握手は「私は手に武器を持っていません」ということをお互いが示すためだという説があります。

私たちが海外旅行をするときに、最初に、その国のあいさつを覚えようとするのも、

「私は危害を加える者ではありません」と手短に、その国の人に伝えることができるからです。海外のホテルでエレベータに乗り合わせた者同士が、軽くほほえみ合うのも、「私は怪しい者ではありません」と伝え合っていると考えることができます。

日本人はお辞儀をします。相手に頭を下げるのは、犬が尻尾を後ろ脚の間に挟み込んで服従のポーズを取るのと同じで、「私はあなたよりも弱い者です」と伝えて、危害を加える者ではないことを示していると解釈できます。

この解釈に基づけば、二人のうち何らかの点で立場が弱い方が、頭を深く下げます。たとえば会社では部下は上司に対して、学校では子どもは先生に対して、そして、お金を借りている人は貸してくれている人に対して、頭を深く下げます。

あいさつをすれば、「私は危害を加える人間ではありません」と伝えると同時に、「私はここにいます」という合図にもなります。あいさつは合図です。あいさつをすれば、相手はこちらの存在を意識します。

また、あいさつは合図ですから、あいさつをすると、こちらのことを伝えるだけでなく、相手の様子が分かります。

たとえば職場で、あなたのあいさつに、相手が明るくあいさつを返してくれれば、相手の気分が良いことが分かります。元気のない声なら、調子が悪いのかもしれません。あいさつを返してくれなかったら、「今は話しかけないでほしい」という合図かもしれません。

あいさつをすれば、相手のことが分かります。

●あいさつの信用貯金

あいさつの仕方は、それぞれの社会やグループ内で決まっています。このことは、「グループの内側にいる者は、あいさつのルールに従うべきだ」という圧力になることを意味します。「ルールに従うべきだ」という圧力は、「ルールに従わない者は、グループの内側の人間として認めない」、「グループの外側に出て行け」という、さらなる圧力になります（＊4）。

たとえば、朝、初めて顔を合わせたときに何も言わない人や、朝、顔を合わせたとたんに「さようなら」と言う人がグループ内にいたとすれば、そのような人に対して「つき合いにくいヤツ」とか「おかしな人だ」などと非難するでしょう。非難を浴びせて、ルールに従うよう圧力をかけて、それでも従わない人がいれば、その人を無視したり、礼儀知らずと評価したり、「何をしでかすか分からない人だ」と警戒したりして、グループから追い出そうとするでしょう。

グループの内側の人間と外側の人間を区別するのに便利だったあいさつは、グループの内側にいる人間を縛る圧力にもなっているのです。

あいさつが、グループの内側にいる人に圧力として作用しているからこそ、ルールに従ってあいさつをすることは、「私は、グループの内側にいる人間です」「私はグループのルールに従っている人間です」と、まわりの人たちにアピールする効果があります。

あなたがあいさつをしていれば、まわりの人は、あなたのことをルールに従っている人とみなして安心し、「自分たちの仲間だ」と思いますし、「礼儀正しい人」と評価します。このような評価は、あなたの信用として、記憶の中に〝貯金〟されていきます。

さて、普段、きちんとあいさつをするあなたが、ちょっとした失敗をしたとしましょう。あるいは多少ルールから外れることをしたとしましょう。このようなとき、まわりの人からどう思われるでしょうか。

おそらく多くの場合、大目に見てもらえて、簡単に許してもらえます。普段あいさつをしているあなたは、まわりの人の記憶の中に、信用の貯金を持っているからです。貯金が物を言って、失敗や違反の原因は、あなたにあるのではなく、それ以外にあると思ってもらいやすくなるのです。

「あんなに礼儀正しい人なのだから、きっと運が悪かったに違いない」とか「ほかの誰かが悪いのではないか」などと思ってもらえるのです。

これに対して、普段あいさつをしない人は、信用の貯金がありません。それどころか警戒心や不信という〝借金〟がありますから、あいさつをしない人が何か失敗をしたりルールから外れたりすれば、大目に見ることも、簡単に許すこともしてもらえません。失敗や違反の原因が、たとえほかにあっても、当人のせいにされてしまいます。「この人は礼儀も知らないヤツだから失敗したのだ」「礼儀知らずの人だから、ほら、やっぱり悪いことをした」というように思われてしまうのです（＊5）。

人づきあいにおいて、あいさつがいかに大切か、これでお分かりだと思います。あいさつが、道徳的な意味で大切だと言いたいのではありません。あいさつをすることは人づきあいの秘訣です。あらかじめ決まっている言葉や動作を実行すれば、自分の存在をまわりの人にアピールできて、相手の様子が分かり、しかも信用の貯金が少しずつ増えてゆくのです。あいさつは、人づきあいにおいて、実行して損のない行為です。

●あいさつすると、心と体が健康になる

あいさつを実行することが人づきあいの秘訣であることを述べてきましたが、最後に、だめ押しの話をします。あいさつするとストレスが減って心と体が健康になるという話です。これを知ったら、ますます、あいさつを実行してみる気になるのではないでしょうか。

ストレスという言葉を毎日よく耳にしますが、「ストレス」という言葉には、2つの意味があります。

「うちは、お姑さんと同居でしょう。義理の母親は私にはストレスなのよ」などと話しているときのストレスと、「最近、ストレスで胃がチクチク痛むんだ」などと話しているときのストレスは、同じストレスという言葉でも意味が違っています。

前者の方は、専門的には「ストレッサー」と言い、後者の方は、「ストレス反応」と言います。ストレッサーは、心や体に悪影響を及ぼす「原因」で、そのストレッサーによって引き起こされる心や体の悪影響という「結果」が、ストレス反応です。お姑さんはストレッサーで、胃の痛みはストレス反応ということになります。

ストレスをこのように2つに分けたときに、あいさつは、ストレッサーを減らす直接的な効果があります。あいさつをすると、心と体に悪影響を及ぼす原因を減らせるのです。

その理由は、これまでのあいさつの効果で説明できます。あなたがあいさつをしていれば、まわりの人は肯定的、好意的に評価してくれますから、まわりの人との摩擦や衝突が減ります。たとえ摩擦や衝突が起こっても、摩擦や衝突の強さは、あいさつの貯金効果によって弱められます。こうして、あいさつをするあなたにとって、まわりの人がストレッサーになることが減り、その結果として、ストレス反応が引き起こされることも減ります。

ストレス反応は、肉体的には、消化器系、循環器系に起こることが多いと言われていますから、あいさつをすれば胃袋や腸、あるいは心臓や血管を痛めずに済むことになります。ストレス反応は、精神的には、不安や焦りの増加、気力の低下や無気力や鬱などのことですから、あいさつをすれば、このような精神的な悪影響が生じにくくなるということです。

これだけではありません。あなたがあいさつをしていれば、病気や怪我、あるいは精神的に落ち込んだときに、まわりの人から助けてもらえるので、早く回復することができます。

なぜならば、すでに述べたように、まわりにいる人たちは、あいさつをするあなたを信用していますので、あなたの病気や怪我や精神的な落ち込みの原因を、あなたのせいだとは思いません。しかも、あなたのことを自分たちの仲間だと思っています。そこで、あいさつをするあなたが、病気や怪我をしたときや、精神的に落ち込んでいるときには、支援の手をさしのべようとします。

このような支援は、あなたのストレッサーを減らしますし、ストレス反応で起こった心身のダメージを回復するための具体的な方策を与えてくれます。その結果、あいさつをするあなたは、あいさつしない人よりも、悪い状態から早く立ち直ることができるのです（＊6）。

以上のように、あいさつをしていれば、ストレッサーを減らし、その結果としてストレス反応も減らせますし、ストレス反応が起こっても、まわりの人からの支援を受けやすくなります。あいさつをすると、心と体が健康でいられる可能性が増えるのです。

●あいさつは秘密兵器か？

ある会社の創業者は、ビジネスにおけるあいさつの重要性を説くために、「武器としてのあいさつ」という表現を使っています。

私はこの表現に賛成できません。武器は、闘う道具です。また、武器は闘う意志があることを示しますから、こちらが武器を見せれば、相手は防御か反撃の準備をします。そうなれば、相手との関係は緊張が高まります。

あいさつは、相手との関係の緊張を和らげる道具です。あいさつは、親交の意志を示す道具です。あいさつをどうしても〝武器〟にしたいのなら、相手に見えない秘密兵器と表現したらいかがでしょう。秘密兵器なら、相手はこちらに対して、防御や反撃の準備を怠るからです。「あいさつは秘密兵器です」。

ただし、こう表現すると、やはり「そんな大袈裟《おおげさ》な言い方をしなくても良いのではないか」と自制の思いが働きます。そこで結局、私としては、この章の冒頭で述べたように、「あいさつは人づきあいの秘訣です」という表現に落ち着きます。

◆注

＊1　私が参照した本は、柳田国男（著）（一九九三）『毎日の言葉』（新潮文庫）です。

＊2　私が参照した本は、時田昌瑞（著）（二〇〇〇）『岩波ことわざ辞典』（岩波書店）です。

＊3　私たち日本人は、ほかの人から何かをしてもらうと、自分が得た利益（benefit）よりも、自分のために相手が支払ったコスト（cost）に思いを馳せるということを、私は、データで証明して、英語の論文に書きました。詳しくは、この本の「秘訣その四　助けを求めて絆を強める」の注（＊1）をお読みください。

＊4　このような圧力のことを心理学では「集団圧力（group pressure）」という用語で呼んでいます。人間同士のコミュニケーションでは、集団圧力や対人圧力が生じますが、コンピュータとのコミュニケーションなら、そのような圧力は生じません。詳しくは、以下の論文を読んでみてください。
・木村泰之・都築誉史（一九九八）集団意思決定とコミュニケーション・モード―コンピュータ・コミュニケーション条件と対面コミュニケーション条件の差異に関する実験社会心理学的検討―、実験社会心理学研究、三八巻、一八三―一九二頁。

＊5　ここで述べている予測は、心理学では「帰属理論（attribution theory）」という領域で研究されています。あいさつをすることで得た貯金は、まわりの人の「外的帰属」を促し、挨拶をしないことで生じる借金は、まわりの人の「内的帰属」を促すと考えられます。

＊6　心理学の専門用語では、このような現象を「ソーシャル・サポートのストレス緩衝効果」と呼んでいます。ソーシャル・サポートに関しては、以下の本が参考になります。
・浦　光博（著）（一九九二）『支えあう人と人―ソーシャル・サポートの社会心理学―』（サイエンス社）

第2章
秘訣その二　相手の視点から世界を見る

●自分の視点から見ている

今、あなたのまわりにいる人を見てください。家族でも同僚でも、友人でも未知の人でも、誰でも構いません、その人を見てください。その人を見れば、その人の顔や服装や動作があなたの目に入り、その人が、あなたにとって誰であるかが分かり、その人が何をしているかが分かります。

その人が置かれている状況も見てください。ここで言う「状況」とは、たとえば、その人は今、あなたのために台所で料理を作っているとか、その人は今、職場でパソコンに向かって会議の資料を作っているとか、その人は今、仕事帰りの混雑した電車の中で、吊革につかまりながら首をうなだれて立っている、などのことです。

あなたは、自分のまわりの人を見て、その人が誰であるかが分かり、その人が置かれている状況も見れば、その人が何を考えているのかも分かった気になります。

たとえば、「彼女は、僕のために喜んで夕飯を作ってくれている」、「彼は次の会議で、新しい企画を提案するために張り切っている」、「あの人は私と同じくらい、きょうの仕事にうんざりしているのだろう」などと推測して、その人のことが分かった気になります。しかし、あなたは本当に、その人のことが分かったのでしょうか。

自分のまわりの人のことが分かる力、もっと大きく言えば、ものごとを理解する力は、子どもから大人へと成長するにつれて発達します。発達心理学の教科書には、こうした能力がどのように発達するのかを説明する章が設けられています。その章の中で、必ずと言って良いほど紹介されるのが、J・ピアジェという学者の考えです（＊1）。

彼は、ものごとを認識する力は、4つの段階を経て発達すると考えました。誕生から二歳くらいまでが第一段階、二歳から七歳くらいまでが第二段階、七歳から十二歳くらいまでが第三段階、十二歳以降が第四段階です。このうち第二段階の子どもの認識の特徴を、彼は「自己中心性」と呼び、その特徴を「三つ山課題」の実験で示しています。

「三つ山課題」では、まず、子どもに図1の上半分のような模型の全体を見せます。

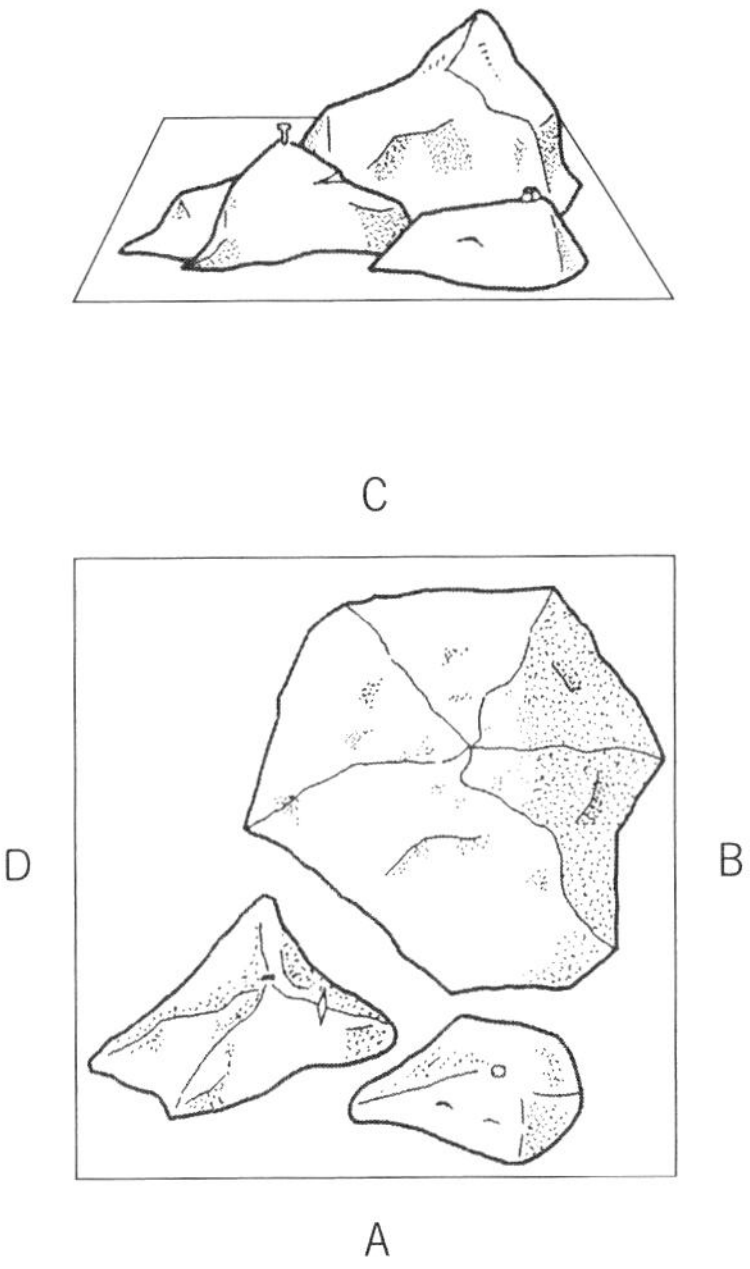

図1

そのあと、子どもをA面の前に座らせ、人形を子どもの反対側のC面の椅子に置き、子どもに尋ねます。

「この人形のアイちゃんが、この3つの山を見ると、どのように見えますか?」

こう尋ねた後に、子どもに、A面、B面、C面、D面それぞれの方向から見た山の模型の写真を四枚見せて、その中から一枚を選んでもらいます。

すると、二歳から七歳くらいまでの第二段階の子どもは、自分の位置からの見え方と一致する図1の上の図のような、A面から見た写真を選びます。第一段階にいる子どもは、自分とほかの人の視点を切り離すことができずに、ほかの人のことも、自分の視点から判断してしまう「自己中心性」の特徴を持っているからです。

年齢が上がり、第三段階になると、子どもは自己中心性から脱して、自分とほかの人の視点を区別できるようになり、三つ山課題でまちがえなくなります。

あなたは、十二歳以降の第四段階にいますから、この三つ山課題でまちがえることはないでしょう。あなたがA面に座っていても、B面、C面、D面それぞれから見た3つの山の様子を想像できるはずです。あなたは、自己中心性から脱した成人なのですから（＊2）。

しかし、この3つの山が模型ではなく、三人の人間関係だったらどうでしょうか？しかも、あなたは三人の関係を外側から見ているのではなく、あなた自身が三人のうちの一人だったら、どうでしょうか？

たとえば、模型の3つの山で言えば、あなたはA面から見たときに一番手前にある小さな山だとします。山の大きさは、職階の違いや能力の違いを表しているとします。そして、あなたの目の前には、あなたよりもかなり大きな人が立ちはだかって、ある問題であなたとぶつかっているとします。あなたの左には、あなたよりやや大きな第三者がいます。このようなときに、あなたは、A面からしか、つまり自分の視点からしか、ものごとを見ていなかったということはなかったでしょうか？

あなたと大きく対立している人の視点であるC面から、あるいはB面やD面からは、状況を見ていなかったということはなかったでしょうか？

もし、このような体験があるなら、それは、あなたが自己中心的な視点から抜け出せていないことを意味します。

三つ山課題のように、物理的な物事の認識ならば、自己中心性から抜け出せていても、人間関係についての見方となると、私たちは、七歳くらいの幼児と同じレベルの自己中心的な視点で、自分や相手や状況を見てしまいます。

●自分が見たいように見ている

次の「ある晴れた日のドライブ」という話を読んでください。

ある晴れた日のことです。父親が自分の息子を車に乗せて、鼻歌まじりでドライブを楽しんでいました。

車が交差点にさしかかったところ、信号を無視した大型トラックが右側から突っ込んできて衝突しました。父親は即死。息子は瀕死の重傷を負い、救急車で病院に担ぎ込まれました。

病院では、すぐに、腕の良い有名な外科医が呼び出されました。その外科医は、手術用のマスクと手袋をして勢い込んで手術室に入ってきました。そして、その男の子の顔を見たとたん、真っ青になってこう叫びました。「こっ、この子は私の息子！」

この話を読んで、あなたは、「ヘンだ」と思いませんでしたか。「父親は交通事故で死んだはずなのに、外科医として登場している…」と思いませんでしたか。

講義でこの話を聞かせたところ、ある学生は、「交通事故で亡くなったのは養父で、外科医が本当の父親」と答えてくれましたが、交通事故で死んだのは養父ではなく実の父親であり、この話にはヘンなところも矛盾もありません。

○「スキーマ」の働き

心理学では、私たちの頭の中にある、さまざまな情報や知識や記憶などの「情報のかたまり」のことを「スキーマ」と呼んでいます。

たとえば、スマホに関するあなたのさまざまな情報や知識や記憶は、あなたの「スマホ・スキーマ」ですし、もし、あなたの頭の中に「鈴木さん」のことに関する情報や知識や記憶のかたまりがあれば、それは「鈴木さんスキーマ」です。

私たちの頭の中には、さまざまな物事や人物についての無数のスキーマが存在していて、それぞれのスキーマはお互いに関連し合っています。

すでに頭の中にあるスキーマは、新たな情報を採り入れるときに、チェックする働きをします。もし、あとからの情報が、すでにあるスキーマと矛盾しないならば、そのまま採り入れて情報のかたまりを大きくします。

もし、あとからの情報が、既存のスキーマと矛盾するならば、矛盾しないように、あとからの情報の内容を歪めたり過小評価したりしてから採り入れます。場合によっては、あとからの情報は無視して、無かったことにします。

既存のスキーマは、新たな情報に対してチェックする働きをしますが、かたく固まって動かないものではありません。新たに採り入れた情報の種類や強さによって、既存のスキーマが大きくなったり、形を変えたり質的に変容したりして、それまでのスキーマとは違ったものになることもあります。

スキーマは情報を採り入れながら変容し続ける動的な特徴を備えています。

たとえば、「知的」という情報を核とする「知的な鈴木さんスキーマ」が、あなたの頭の中にあるとします。この「知的な鈴木さんスキーマ」を持って、あなたが鈴木さんと実際に交流したところ、鈴木さんが感情的で乱暴であることを体験すれば、「知的な鈴木さんスキーマ」は変容します。変容したスキーマに基づいて、それまでの「知的」という情報は評価し直され、組み替えられます。

こうして変容したスキーマは、それ以後の情報に対して、再び、チェック機能を果たします。

○「スキーマ」で分かったつもりになる

さらにスキーマは、実際には存在しない情報を自ら作り出す働きもします。「情報を作り出す」、これがスキーマの重要な特徴ですが、この特徴が、ときどき〝困った〟結果を引き起こします。

たとえば、「知的な鈴木さんスキーマ」は、「鈴木さんは知的な人だから、アイドルには興味ない」と、鈴木さんとアイドルの関係に関する情報がなくても、情報を勝手に作り出します。その結果、現実とは違った鈴木さんを頭の中に思い描きます。

たとえば、偏った「営業職に関するスキーマ」は、佐藤さんが「車のセールスをしている」と聞いて、「佐藤さんは、セールスマン。セールスマンは明朗快活。ゆえに佐藤さんは、明朗快活」などと誤った三段論法をして、佐藤さんのことを分かったつもりにさせます。

会社名や組織名、相手の肩書きについても、スキーマが勝手に情報を作り出すことがあります。「会社名や肩書きで人を判断するな」という教訓をよく耳にするのは、私たちがそのような判断をしがちだからです。

とくに日本は〝肩書きの国〟です。電話で自分のことを告げるときや名刺交換の際にも、会社名や組織名、肩書きを最初に言って、そのあとで自分の名前を言います。肩書きスキーマが、私たちや相手のことに関する情報を勝手に作り出しています。

ニュースで見聞きする詐欺事件も、肩書きスキーマが作り出した情報に、幻惑された結果かもしれません。「元国会議員の秘書から、地場産業の異業種交流会発足のための寄付金を求められ、多額の金をだまし取られた」、「テレビ局のディレクターと称する人から、自分の番組に出てほしいと言われて肉体関係を迫られた」、「水道局から水道の水質調査に来たと言われて、高い浄水器を契約させられた」などという事件は、詐欺師が最初に提示した肩書きに、被害者のスキーマが反応して起こったのではないでしょうか。

職業についてだけではなく、私たちは、性別、民族、集団、血液型など、さまざまな属性についてのスキーマを頭の中に持っています。それらのスキーマを使って、安易に人を判断して、分かったつもりになっています。

あなたは、「加藤さんは、女性なのに理数系が強いんだ」と驚いたり、「〇〇（国名）人は攻撃的だね」と断定したり、「彼は××教徒の人だから恐い」と怖がったりしたことはありませんか。事実は、男性よりも理数系に強い女性はいくらでもいますし、攻撃的ではない〇〇人も大勢いるでしょうし、××教徒の人がすべて恐い人だとは限りません。それなのに、断片的な情報だけで分かったつもりになっているのは、スキーマが勝手に作り出した情報のせいです。

○「血液型・性格」スキーマの強さ

血液型を聞いて「あの人はA型だから、のんびり屋さんなんだ」などと短絡的に、人のことを分かったつもりになるのも「血液型・性格」スキーマのせいです。

血液型と性格の間には科学的関連がないことは、心理学者がデータに基づいて、これまでに何度も研究発表をしてきました。日米合計約一万人のデータを調べた結果、血液型と性格の間には統計学的に意味のある関係はなかったという研究もあります（＊3）。心理学者が科学的根拠に基づいて否定しているにもかかわらず、血液型と性格の間に関連があるという迷信を信じている人が少なからずいるのは、少なくとも次の2つの理由があると考えられます。

一つは、血液型という、いかにも医学的根拠がありそうなものと、性格を結びつけている点です。「生まれた月日で決まる星座と、性格の間に関係がある」と言われれば、はじめから遊びだと分かった上で楽しめますが、「体中を巡っている血液の型が、性格を決める力を持っている」と言われると、医学的な装いゆえに、簡単には否定しがたくなります。医学的な装いがあるために、この迷信はしぶとく生き続けています。

もう一つの理由は、これまでに述べてきたスキーマの働きです。「血液型・性格」スキーマをもっている人は、「血液型・性格」スキーマと合致する情報は、「やはり当たる」と思って記憶に留めて、このスキーマを強固なものにします。

このスキーマと矛盾する情報があると、「例外もたまにはある」などと過小評価したり、無視したりしますので、たとえ反証を突きつけられても「血液型・性格」スキーマは維持されます。さらには、「血液型・性格」スキーマによって、情報を勝手に作り出して「やはりB型の高橋さんは変人だ」と納得したりします。

このような経験は、「血液型と性格は確かに関連している」という実感を生み、「血液型・性格」スキーマをさらに強めていきます。

「血液型・性格」信者だけではありません。私たちは、職業や性別、民族、集団など、さまざまな属性について、いったんスキーマを頭の中に持つと、そのスキーマに合う情報や体験は好んで記憶し、合致しない情報は過小評価や無視をするばかりか、スキーマに合った情報を作り出してしまうこともします。

要するに、私たちは自分のまわりの人たちのことを、頭の中のスキーマを使いながら、自分が見たいように見ようとしているのです。

さて、ここまでの説明を読んでいただけたなら、最初に紹介した「ある晴れた日のドライブ」の話のナゾは解けたでしょう。「外科医」について偏った職業スキーマと性別スキーマを持っている人ほど、この話を聴くと「ヘンだ」と思います。

あなたは、どうでしたか？（＊4）

●立場が変わると違って見えるなら

ここまで述べてきたように、私たちは、自分の視点で相手や状況を見て、頭の中のさまざまなスキーマを使いながら、自分が見たいように世界を見ています。自分の視点だけで世界を見ることは、それで問題が何も起こらないのであれば、心の健康には良いことかもしれません。

しかし、人づきあいの問題に直面し、強いストレスを感じているときに、自己中心的な視点だけで世界を見ることは、心の健康を害する恐れがあります。

たとえば、あなたが、ある問題でだれかと対立しているときに、自己中心的な視点だけで見ていると、あなたの視点から見えるものを事実だと思います。

あなたが承知していることは、当然、相手も同じように承知していると考えます。相手があなたに向けている顔だけが、相手の顔だと思います。

その結果、「自分の主張は正しいが、相手の言い分はまちがっている」と思います。「自分は被害者であり、相手は加害者だ」と思い込みます。相手は理解しがたい人物であり、目の前の状況は変えようがなく、問題の解決策はどこにもないと悩み苦しみます。

あなたは、次のような経験をしたことがありませんか。

新入社員の頃には、暇そうな上司を見て「ろくに仕事をしていないのに自分より高い給料をもらっている」と思っていたのに、自分が部下を持ってみると、「新入社員は気楽でいいな」などと思う。子どもの頃に、自分に対する親の扱いに腹を立てて「自分が親になったら、こんなことはしない」と思ったのに、自分が親になったら、我が子に、親と同じことをして「結局これが子どもには良いことなんだ」などと納得する。

このように私たちは、自分が置かれている立場が変わると、同じような状況に対して違った解釈をします。違った解釈が生まれるのは、立場が変わって視点が変わり、これまで見えなかった側面が見えて、自分とは反対の立場にいた者の真意が理解できたり、状況の奥にある意味が理解できたりするからです。

立場が変わると視点が変わるならば、直面している人づきあいの問題も、立場を変えてみれば視点が変わり、「理解しがたい加害者」や「変えようがない絶望的な状況」に対する考え方が変わります。すると、「絶望的な状況」であった問題の解決策がみえてくるかもしれません。

人間関係の問題に直面したときには、自分の視点からだけで見ることをやめましょう。相手の視点や別の視点から世界を見てみることが、心の健康に益する可能性があるのです。

幼児が自己中心的な視点で人間関係を見るのは、自分の心とは別に、ほかの人にも心があり、自分の心と、ほかの人の心は違うという前提に立てないからです。成人であるあなたは、この前提は百も承知のはずですが、自分の心とほかの人の心は違うのだということを忘れてしまうことがあります。

あなたが人間関係の問題に直面したら、この前提を思いだしましょう。そして、相手の視点から世界を見てみましょう。

●相手の視点から世界を見るには

「相手の視点から世界を見る」。私がこの表現で強調したいのは、「相手の立場を理解する」「相手のことを思いやる」というような抽象的なことではありません。相手の視点から〝見る〟という行為です。

もちろん、ここで言う〝見る〟は、具体的な対象物を、眼球の奥の網膜に映し出す行為ではありません。丁寧に言えば、〝見る〟とは、「見えていると思うものを頭の中に思い描く」ということです。

このように言い換えただけでは分かりにくいので、「相手の視点から世界を見る」方法を、以下に段階を踏んで説明します。これらの方法を実際に試して、〝見る〟という行為の意味をつかんでください。

第一に、人づきあいの問題に直面したら、自分に問いかけます。

「相手の目には、私はどのように見えているのだろうか?」

と、自問するのです。この自問をきっかけにして、相手の視点から、あなたを見ます。

相手の目に見えていると思う、あなた自身を頭の中に思い描きます。

あなたの顔や服装、表情や身ぶり手ぶりの具体的な様子を思い浮かべてください。あなたが普段している身ぶりや手ぶりや表情、言葉の使い方で、あなたがこちらに向かって、自分の考えや主張を言い募っている様子を見てください。

笑顔で冷静な声で話しているのか、それとも感情的になって声を荒げて言っているのか、よく見てください。

第二に、あなたのまわりにいる第三者の様子も、相手の目から見ます。

あなたが普段、自分の味方だと思っている第三者、あなたが敵だと思っている第三者が、あなたのことをどのように思っているかを、相手の目から見て想像してください。

あなたを取り囲んでいる事物についても、相手の目から見ましょう。たとえば、あなたの机の上の様子や、あなたの持ち物は、相手の目にどのように見えているのか、相手の目から見てください。

第三に、あなたと、相手の間に横たわっている問題を、相手の目から見てください。

あなたが問題だと思っていたことを、相手の側から改めて見ください。何が問題なのか、問題の本質はどこになるのか、相手の側から考えてみてください。

相手から見たあなたや第三者や状況は、あなたが思っていたものとは違って見えているはずです。相手の視点から見ると、見過ごしていた情報や理解できなかった側面に気づきます。

あなたが良かれと思って言ったこと、あなたにとっての正論、あなたの態度や対応、あるいは、あなたが挙げたアイディアやメリットや長所が、相手の視点から見れば、別の意味で受けとめられていたことに気づくかもしれません。

ここまでの段階では、直面している問題の解決策を考えようとするよりも、視点を入れ替えて、相手の視点から、あなたの言動や態度を見ることに重点を置いてください。十分に見たあと、あなた自身に戻って、何か解決策はないか、もう一度、考えてみてください。

何らかの気づきが得られれば、「理解しがたい加害者」が「理解できる協力者」だと思えたり、「変えようがない絶望的な状況」が「何とかなりそうな状況」だと思えたりして、これまで考えつかなかった解決策が思い浮かぶかもしれません。

なお、ここでは、人間関係の問題に直面しているときを取り上げましたが、人間関係の問題に直面していないときでも、つまり、普段の人づきあいにおいても、それぞれの相手の視点から、あなたや世界を見ることをお薦めします。

相手の視点から世界を見る習慣を身につけておくと、人間関係の問題が発生しにくくなります。人間関係の問題を未然に防ぐ予防効果があるのです。

●相手の視点で世界を見ることの限界とその対策

○「視点習得」の効果と限界

自分の視点とほかの人の視点には違いがあることを前提に、ほかの人の視点から自分やほかの人の欲求や感情、思考や意図などを推し量ることを、心理学の専門用語では視《し》点取得《てんしゅとく》（perspective taking）と呼んでいます。

視点取得は、私たちがほかの人に共感するときの前提条件の一つです。私たち人類は、ほかの人の視点から世界を見ることができるので、共感することができ、共感するので、ほかの人と助け合ったり協力したりします。

そのため視点取得は、自分やほかの人や状況のことを深く理解する優れた方法だとみなされてきました。視点取得の力を高めることは、教育現場や（＊5）、人事が関わるビジネスの現場などで推奨されていますので、この章でも、「相手の視点から世界を見る」ことを奨めてきました。

ただし、視点取得の効果については、一定の限界があります。視点取得の方法は、結局のところ、相手の視点を想像して、相手の視点から世界がどう見えるかを想像することです。想像力に依存しているため、相手のことや、相手が置かれている状況について無知だったり、情報がまったくなかったりすると、相手の視点から世界がどう見えるのか想像することができません。

想像できないだけならまだしも、まちがった想像をしてしまう恐れもあります。まちがった視点取得の結果、相手に対する誤解が増したり、相手との関係が悪化してしまうことも起こり得ます。

たとえば、「○○（国名）人は攻撃的だ」という人種偏見に基づいて、○○人の視点を想像すると、偏見で歪んだ世界が思い浮かんでしまいます。視点取得は、相手のことや相手が置かれている状況について、ある程度、情報がないと適切には行えないのです。視点取得の限界は、想像力の元になる情報が不足しているときに生じます。

○相手について知る

そこで視点取得の限界を緩和するには、想像力の元になる情報を得ればよいことになります。想像力の元になる、相手についての情報を少しでも多く得る方法には、次のようなやり方があります。

相手についての情報を得るために、目の前にいる相手を良く見ます。相手の表情、身ぶり手ぶりをよく見ます。視線の動きや指先の動きを見ます。言っていることと表情にズレがないか、たとえば口で「腹が立つ」と言いながら笑っていないか見ます。

話し手の感情は、表情よりも声の調子に出ます。相手が嘘をついているかどうかを見破るには、表情よりも声の調子が重要な手がかりになるとも言われています。相手が言う内容もさることながら、相手の言い方にも注意を向けましょう。

このような、相手の仕草の読み解き方については、次の章の「秘訣その三　聴き上手になる」で詳しく取り上げます。

相手についての情報を得るためには、相手の言動を時間をかけて口頃からよく見ておくことも有効です。特に、変化に注目します。先週と今週の変化や、先月と今月の行動パターンの変化を見れば、相手の思考パターンが見えてくるかもしれません。時間をかけて相手の言動の変化を観察していれば、意欲の変化が見えてくるかもしれません。相手の次の行動を予測することもできるようになります。

相手についての情報を得るために、相手と同じことを実際にしてみることも有効です。

・相手が普段している習慣を自分もしてみる（たとえば、早朝に起床する。野菜から食べ始め三時には緑茶を飲むなど）。

・相手の趣味を自分もしてみる（たとえば、テレビでサッカー観戦をしてみる。相手が好きな芸能人の動向をインターネットで調べるなど）。

・相手の身ぶりや手ぶりをまねてみる（たとえば、相手の口癖で実際にしゃべってみるなど）。

・相手の仕事の仕方をまねてみる（たとえば、常に笑顔で人と接する。会議で必ずひと言、発言するなど）。

・相手の通勤手段を自分でも試してみる（たとえば、相手と同じように自転車通勤してみる。徒歩で一駅歩いてみるなど）。

・相手と同じボランティア活動をやってみる、などなど。

相手が、親または我が子の場合でも、あるいは上司や部下またはクライアントの場合でも、恋人または友達の場合でも、相手と同じことをしてみれば、相手の視野にはどのような世界が映っているのかという情報を体験的に得ることができます。

相手についての情報を得る最も手っ取り早い方法は、相手に直接、尋ねることです。相手に実際に質問をしたり、相手の話を聞いたりすれば、相手についての情報を直接得ることができます（＊6）。相手の話から得た情報を使えば、あなたが、相手の視点から見えていると想像する世界は、相手が見ている世界に近づきます。

ただし、相手に尋ねても、こちらが知りたい情報を話してくれるとは限りません。嘘をつくかもしれません。また、相手がせっかく話してくれても、聴き方を誤って誤解すれば、誤った情報を手に入れることになります。

相手がこちらの知りたい情報を話してくれるように、また、相手が自分のことを話したくなるように、そして、相手が言いたいことを誤解なく聴き取るためには、聴き方に注意する必要があります。話の聴き方には秘訣があります。その秘訣を実行すれば、相手についての情報を手っ取り早く手にすることができます。
そこで、話の聴き方に関する秘訣を、次の章で詳しく取り上げます。

◆注

＊1　たとえば、服部　環・外山美樹（編）（二〇一三）『スタンダード教育心理学』（サイエンス社）。

＊2　ただし、成人後でも老化に伴い、他からの視点を取る能力が落ちてくる場合があります。そこで、この「三つ山課題」は、成人の視点取得能力を測るためも使われています。

・Inagaki, H., Meguro, K., Shimada, M., Ishizaki, J., Okuzumi, H., & Yamadori, A.（2002）. Discrepancy between mental rotation and perspective-taking abilities in normal aging assessed by Piaget's three-mountain task. *Journal of Clinical and Experimental Neuropsychology*, **24**, 18-25.

＊3　縄田健悟（二〇一四）血液型と性格の無関連性―日本と米国の大規模社会調査を用いた実証的論拠―、心理学研究、八五巻、一四八‐一五六頁。

＊4　最近は、女性の医師を主人公にしたテレビドラマもありますので、この話に〝ひっかかる〟人は、以前よりも減っているかもしれません。

ペンドリーら（二〇〇七）は、「この話の原典ははっきりしないが、Hofstadter（1985, p.136）が著書の中で、今のようなバージョンを作った」と記述しています。

・Pendry, L. F., Driscoll, D. M., & Field, S. C. T. (2007). Diversity training: Putting theory into practice. *Journal of Occupational and Organizational Psychology*, **80**, 27-50.

我が国の研究では、齋藤ら（二〇〇二）が、「ドクター・スミス問題」として、中学生にこの話について考えさせています。

・齋藤和志・小川一美・坂本剛・出口拓彦・小池はるか・廣岡秀一・石田靖彦・吉田俊和（二〇〇二）「社会志向性」と「社会的コンピテンス」を教育する（3）―中学2年生を対象とした授業実践―、名古屋大学大学院教育発達科学研究科紀要、心理発達科学、四九巻、二三七－二四五頁。

＊5　右の＊4で挙げた齋藤ら（二〇〇二）の研究では、三つ山課題などを使って、中学生に視点取得を促す授業実践の成果を紹介しています。

また、安藤・新堂（二〇一三）の研究では、視点取得の能力が未熟である非行少年に対して、視点取得の力を高めるための教育プログラムを開発し、その効果を検証しています。

・安藤有美・新堂研一（二〇一三）非行少年における視点取得能力向上プログラムの介入効果―視点

取得能力と自己表現スタイルの選好との関連―、教育心理学研究、六一巻、一八一―一九二頁。

＊6　ニコラス・エプリー（著）、波多野彩子（訳）（二〇一五）『人の心は読めるか？　本音と誤解の心理学』（早川書房）の著者も、相手の心を知るには、相手の視点を想像するよりも「相手に聞けば早い」と述べて、その効果を実験で示しています（二六八―二七四頁）。また、「もし相手の心を理解したいのなら、もっとも信用すべきは自分の洞察力ではなく、自分の耳なのかもしれない」（二八五頁）と述べています。

第3章

秘訣その三　聴き上手になる

●人が喜ぶ贈りもの

ビジネスパーソンを対象にした講習会や社会人を対象にした講演の中で、私は受講者同士でペアやグループになってもらい、ちょっとしたワークショップをやります。

そのようなワークショップの一つで、受講者同士でペアになってもらったあとに、私は受講者に向かって

「目の前にいる人に、今すぐ、相手が喜ぶものをあげてください」

と指示を出すことがあります。

この指示を聞いて、持っていたボールペンを「これ、あげます」と言って相手に差し出した受講者がいました。

別の講習会では、女性の受講者が鞄の中から、スナック菓子の小袋を出して、相手にあげていましたが、大抵の受講者は、困ったような顔をして相手の顔を見て、お互いに照れ笑いのような表情を浮かべ合うのが普通です。

もし、あなたがこう言われたら何をあげますか。

品物でしょうか、それともお金でしょうか。

品物やお金をあげても、相手が喜ぶとは限りません。それどころか、相手のプライドを傷つけたり、相手を怒らせたりするかもしれません。もっと簡単に、お金をかけずに、相手が喜ぶものをあげることができるのです。それは何でしょうか？

私の答えは、「相手の話を聴くこと」です。

相手の話を聴くことについて、私が、わざわざ「相手が喜ぶものをあげてください」などと回りくどく言うのは、人の話を聴くことは、相手から情報を〝受け取る〟行為だと一般には思われているからです。確かに、私たちが他の人の話に耳を傾けるのは、情報を得るためです。

しかし、目の前にいる人の話を聴くことは、相手に〝与える〟行為でもあるのです。

「話を聴くことで、いったい何をあげているのか？」と思う人は、自分の話がまったく聴いてもらえない状況を想像してみてください。話をしているのに、目の前の人が話をまったく聴いてくれなければ、どう思うでしょうか。

あるいは、学校から帰ってきた小学生が、親にむかって「あのね、きょう学校でね」と勢い込んで話しかけているのに、親が話を聴こうとしなかったりうるさがったりしたら、この小学生は、どう思うでしょうか？

話を聴いてもらえないと、誰でも不満を感じます。不安にもなります。相手から無視されたと思い、自分の存在を否定された気持ちになります。これは耐えがたい苦痛です。自尊心が傷つきます。

反対に、目の前の人が熱心に話を聴いてくれたら、満足し、自分の存在が認められて安心し、自尊心を満たすことができます。

ですから、目の前の人の話を聴くことは〝与える行為〟にもなり得るのです。相手の話をしっかり聴いてあげれば、あなたは相手に安心や満足を与えて、相手の自尊心を満たしてあげるという〝贈りもの〟をすることができるのです。

同じ「きく」という言葉でも、日本語では「聞く」と「聴く」の2つの漢字が使われます（＊1）。各種の辞典によれば、「聞く」は、音声が耳に入ること、音声を耳で感じることを意味し、「聴く」は、自分の方から念を入れて耳を傾けることを意味するそうです。

「聞く」よりも「聴く」の方が主体的な行為を表す言葉です。人づきあいの秘訣として強調したいのは、「聴く」ことです。

●話のきっかけを与える

話を聴くという贈りものを相手に送るには、相手に話をしてもらわなくてはなりません。

私たちは、自分の話をだれかに聴いてもらいたいと思っていますが、自分が今、話したい話を、いつ、だれに話して良いのか判断に迷います。

そこで聴き手としての仕事の第一歩は、「話そうか、やめようか」と迷っている相手に、話のきっかけを作ってあげることです。そのためには、相手に質問を投げかけてあげるのが一番です。質問をすれば、相手は話をするきっかけをつかめます。上手に質問をすれば、相手の話の内容はもちろん、会話の雰囲気もがらりと変わります。

○「閉じた質問」と「開いた質問」

話のきっかけを与える質問には二種類あります。次の2つの質問を比べてください。

「昨日のあの件、うまくいった？」

「昨日のあの件、どうなった？」

どちらも同じようなことを尋ねていますが、この2つの質問の仕方には決定的な違いがあります。その違いは、質問をされた相手がどう答えるかを考えてみるとわかります。

「昨日のあの件、うまくいった？」の場合、答える側は、「うまくいった」あるいは「ダメだった」と言うでしょう。基本的に、「はい」か「いいえ」で答えることになります。

答える側が「はい」か「いいえ」で答えられる質問の仕方を「閉じた質問」と呼んでいます。〝閉じた〟とは、話す側にとって話を拡げられないことを意味しています。

「元気がないけど、かぜ？」

「昨日のサッカー、おもしろかった？」

このような閉じた質問は、聴き手が手短に情報を得たいときや、情報を確認したいときには便利です。

しかし、答える側は、尋ねられたことだけを話せば済んでしまうので、話が発展しません。また、答える側は、聴き手に会話をコントロールされている、あるいは「はい」か「いいえ」の答えを強制されていると感じることもあります。そのため、閉じた質問は、話を聴くという贈りものをするときのきっかけとしては不向きです。

他方、「昨日のあの件、どうなった？」の場合はどうでしょうか。答える側は、「昨日は、大変でした。先方と条件がなかなか折り合わなかったんですが、説得に説得を重ねて、最終的には何とか納得してもらいました」と答えても良いし、ただ一言「ダメでした」と答えても構いません。

「どうなった？」と、あいまいな問いかけになっているので、答える側が自ら、どのように答えるか選んで答えられます。そこで、このような質問の仕方を「開いた質問」と呼んでいます。

「元気がないけど、何かあったの？」

「昨日のサッカー、どうだった？」

「何かあったの？」「どうだった？」「どうしたの？」「なぜ？」などの開いた質問は、

話し手が、自分の話したい話題や事柄を、自分の望む話し方で話すことを促します。

話し手は、自分から主体的に会話を進めていると感じられ、話を拡げることもできます。聴き手は、たくさんの情報や予想もしなかった情報を得ることができます。

開いた質問は、「私は、あなたに興味があり、あなたの話を聴く準備が整っています。好きなように話してください」という暗黙のメッセージになりますので、話を聴くという贈りものをするときのきっかけとしては適しています。

●聴き手に徹するよう自分に言いきかせる

相手が話し始めたら、何よりも「相手の話が一区切りつくまでは口を挟まない」ということを心がける必要があります。これは、簡単なことのようですが、実行するのは案外、難しいことです。

なぜなら、相手の話に耳を傾けているうちに、聴き手には、さまざまな欲求が湧いてくるからです。

相手の話がくどくどした愚痴だったり何回も聞かされた自慢話だったり、興味のない話だったりすれば、「もう聴きたくない」という欲求が湧きます。

逆に、相手の話に惹きつけられた結果、「そういえば、自分も同じようなことを経験した」と思い当たり、「自分のことを話したい」という欲求が湧いてくることもあります。

あるいは、相手の話を聴いているうちに、道徳的、倫理的な判断が働いて、「それはマズイよ」などと口を挟みたくなったり、相手の話に納得がいかず「それは違う」などと反論したくなったりします。

さらには、相手のつらい体験を聴いているうちに、慰めてあげたくなって「そんなに悲しまなくてもいいんじゃない」などと言ってあげたくなります。

これらの欲求に負けて相手の話の途中で口を挟めば、相手の話を中断させたり、話題を変えさせたり、話し手という立場を奪ったりします。

相手を慰めたくて口を挟んだとしても、たとえば「悲しい」と言っている相手に、「悲しまなくてもいい」などと言って慰めたつもりになったのでは、結果として相手の「悲しい」という感情を否定してしまうことになります。

○自己会話をする

これらの欲求に負けずに、相手の話が一区切りつくまでは口を挟まず、耳を傾け続ける。これが聴き手として大原則です。相手の話の途中で、どうしても自分が話したくなったら、頭の中で「今は聴き手、今は聴き手」と呪文のように繰り返すと、自分が話したいという欲求を抑えることができます。

このように、その場での欲求や感情に負けないように、自分が実行すべきことを頭の中で、自分に言って聞かせることを自己会話《じこかいわ》（＊2）と言います。

自己会話で言うべき「今は聴き手、今は聴き手」などのセリフは、自分にとって効果的だと思う言葉を自分で決めます。ポイントは、いざ、という時にすぐに使えるように、あらかじめ決めておくことです。

○時間が限られる場合

相手の話を聴くには、時間がかかります。相手の話を聴こうと決めて、自己会話で自分を抑えても、忙しい仕事の合間に話を聴かされると、相手の話の途中で、つい「手短に」と言ってしまったり、口には出さないものの時計に目をやったり、目の前の作業をしながら話を聴いたりしてしまいます。

このようなことは、相手に「話を聴く時間がない」というメッセージを伝えるだけでなく、「私は、いいかげんに話を聴いている」というメッセージを伝えてしまいます。聴く時間がないことを暗に匂わせるような行為は、話を聴かないこと以上にマイナスのメッセージを伝えます。

相手の話を聴ける時間が限られている場合は、「一〇分間だけなら聴ける」などと、聴くことができる時間を先に明言しておくと良いでしょう。この明言があれば、話を聴きながら時計に目をやったとしても「いいかげんに話を聴いている」というメッセージにはなりません。また、話を聴いている途中で時間が来てしまったら「ごめん、もう時間がない」と、話を中断させることもできます。

話を聴く時間が全くない場合は、「あなたの話をしっかり聴きたいからこそ、今はその時間がない」旨を明言しましょう。それに加えて「夕方の六時からなら時間がある」「明日の昼休みなら空けられる」などと代替案を提示します。

この言い方のポイントは、「話をきちんと聴きたいからこそ」という「理由の提示」と、「代替案の提示」です。

単に「今は、あなたの話を聴く時間がない」と言ったのでは、話を聴くこと自体を拒否していると誤解される恐れがあります。この誤解を避けるために、「きちんと聴きたいから」という理由と、きちんと聴く時間の代替案を口にするのです。

●からだで聴く

自分では、相手の話を聴いているつもりでも、相手がそのように受けとめなければ、聴くことが贈りものになりません。こちらが熱心に聴いていると相手に思わせるためには、相手の話に関心があり、熱心に聴いていることを相手に伝えることが重要です。

人の話を聴いて、それを贈りものとして〝与える〟には、聴いていることを伝える必要があるのです。聴くことは、一般に思われているよりもずっと能動的な行為です。

聴いていることを伝えるには、からだを使います。からだ全体を使って「私はあなたの話を聴いている」と伝えるのです。

まずは、今していることや仕事の手を止めます。そして、相手に顔と身体を向けて、相手の目を見ます。距離が離れていたら、相手に近づき、自分と相手の目線の高さを同じにします。相手が立っていたら、こちらも立ち、相手が座っていたら、こちらも座ります。これで「話を聴く準備が整った」という合図になります。

○うなずき・相づち

相手が話し始めたら、話を促すように適度にうなずき、相手の話に合わせて、「うん、うん」「なるほど」「そうか」などと相づちを打ちましょう。うなずきや相づちは、話し手を励まし、話を引き出す効果があります。

その効果は、心理学の実験で証明されています。就職面接の場面の実験で、面接者が意図的にうなずきを増やすと、それに呼応するように志願者の発言時間が五〇～七〇％増加しました（＊3）。

別の研究は、うなずきと相づちを同時に行うと、聴き手に対する評価が、「親切」「好感が持てる」「親しみやすい」などの点で高まることを証明しています（＊4）。

さらに別の研究では、若い女性の顔のコンピュータ・グラフィックスを作成して、「うなずき」か「首を横に振る」か「静止している」かの三パターンを示して、「好ましさ」「近づきやすさ」などを評定させました。その結果、「うなずき」は、「首を横に振る」と「静止している」に対して、「好ましさ」で約三〇%、「近づきやすさ」で約四〇%、高まることがわかりました（＊5）。

うなずきや相づちを打っているときの自分の表情にも注意しましょう。相手の話が悲しい内容ならば悲しい顔を、楽しい話やうれしい話ならば微笑みを浮かべるというように、相手の話の内容に応じた表情をします。聴き手の表情は、話し手にとっては鏡に映った自分の表情のような作用をして、話し手が話を続けることを励まします。

○聴き手の視線

聴き手の視線は、「私はあなたの話を興味深く聴いている」というメッセージを伝えるのに重要な働きをします。基本的には話し手の目を見るのですが、凝視すると、話し手に威圧感を与えてしまいます。

日本人の対人行動パターンは、「非接触文化」に分類されています。「接触文化」に分類されている欧米人に比べて私たちは、相手のからだに触れることを控えますので、視線も、相手の目を見過ぎないことを良しとします。そうは言っても、視線を外しすぎると、「私はあなたの話を疑っている」、あるいは「同意していない」というメッセージだと受けとられてしまいます。

そこで聴き手としては「目通り、肩通り、乳（ちち）通り」を実行しましょう。

この言葉は、元来は、両手で物を捧げ持ち、その物を相手に差し出すときの礼儀作法のうち、高さに関する言葉だったようですが、視線を動かしても許される範囲を表す言葉としても使われています。つまり、聴き手としての視線は、話し手の目の周りを見て、左右は相手の肩幅以内、胸よりも上の範囲を見る、ということです。

○動作の一致

以上、述べてきたような、からだ全体の使い方をすれば、「私はあなたの話を聴いている」というメッセージを送れますので、話し手は気持ち良く話せます。

ただし、ここに挙げた、からだの使い方は一般論です。状況によっては、ここに述べた使い方でない方が「聴いている」というメッセージを伝えることもあります。たとえば、部下として上司からの苦言や叱責を聴くときに、上司の目を見れば、反抗的な態度だと思われる恐れがありますから、目を伏せ、うつむいて話を聴くことになります。

大切なことは、からだの各部分が伝えるメッセージが互いに一致していることです。動作や表情や視線や姿勢が発するメッセージが、すべて一致して「私はあなたの話を聴いている」というメッセージになることです。からだの各部分が伝えるメッセージが一致していないと、「私はあなたの話を聴いている」というメッセージにならないどころか、逆の意味のメッセージになってしまいます。

たとえば、適切にうなずき、相手の話に合わせて、「うん、うん」などと適確に相づちを打ちながらも、手にしているボールペンを小刻みに振っていると、「熱心に話を聴いている」というメッセージと、「もう話を聴きたくない」というメッセージを同時に送ってしまうことになり、からだの各部分が伝えるメッセージが互いに一致していないことになります。一致していないメッセージを受けた話し手は、「私の話に苛立っている」「この人はもう聴きたくないのだ」と解釈して、「この人は不誠実な人だ」などと判断することがあります。

●反射させながら聴く

相手が話し始めたら、話が一区切りつくまでは口を挟まず耳を傾け続けることが、聴き手としての大原則だと述べましたが、「口を挟まない」とは、口を閉じて黙っていることではありません。先に述べた、相づちの言葉に加えて、相手の話を反射させると、話し手を励ます効果がさらに増します。

「反射」とは、話し手が言葉や表情や身ぶり手ぶりで伝えてくるメッセージの核心を、鏡が光を反射させるように、聴き手が話し手に返す行為をいいます。カウンセラーが、クライアントの話を共感的に聴き出すためのテクニックですが、次のように日常会話でも使えます。

「昨日、ばったり高校のときの友達に会ったの」

「へえ、高校のときの友達」

「そう。高校卒業以来だからびっくりしちゃって。その友達、十数年ぶりだったのに、ちっとも変わっていなくて」

「変わってなかったの」

「そう、それで懐かしくて、二人で近くのカフェで話し込んじゃった。その友達とは、同じバレーボール部だったんだけど、ポジションも同じで、いつもどっちが試合に出るか争っていたの」

「二人はライバルだったんだ」

「そう。でも部活以外では一緒に買い物に行ったり遊びに行ったりした友達だったんだ」

「懐かしい友達に会ったんだね」

この会話例の聴き手の言葉は、すべて反射です。この会話例の聴き手は、口を閉じて黙っているのではなく口を開いていますが、話している内容は、話し手の言葉を繰り返しているだけです。相手の話の内容に口を挟んでいません。

○反射の3つのレベル

初級レベルの反射は、相手が言った言葉の一部をそのまま繰り返すものです。右の会話例では、「へえ、高校のときの友達」と「変わってなかったんだ」が、初級レベルの反射です。これらの言葉は、話し手の直前の言葉をそのまま繰り返しています。いわばオウム返しのやり方です。

オウム返しばかりですと単調ですし不自然でもあります。そこで、相手の言った言葉を、別の語句に言い換えるやり方も採用します。これが中級レベルの反射です。

右の会話例では「二人はライバルだったんだ」が、これに相当します。話し手は「ライバル」という単語を使っていませんが、聴き手は、話し手の話の内容から「ライバル」という単語に言い換えています。

上級レベルの反射では、相手の言ったことや言いたいこと全体を要約して相手に返します。

右の会話例では「懐かしい友達に会ったんだね」が、これに相当します。話し手が使った「懐かしくて」「友達」などの単語を組み込んで、話し手が言いたいこと全体を要約しています。話全体を要約するには、話全体の主旨を捉える必要がありますから、容易なことではありません。そこでまずは、「要するに～ですね」「だから～だったんだ」などという要約の基本形を使ってみると良いでしょう。

初級レベルの単純な反射は、反射などという言葉を知らなくても、あなたもすでに実行していたり、無意識に実行していたりします。中級レベルや上級レベルの反射は、意識的に練習を重ねないとうまくできません。

○「感情の伝達」を考える

反射を実行する際のポイントは、話し手の感情をとらえることです。

私たちが誰かに向かって話をする主な目的は、「情報の伝達」と「感情の伝達」の2つに分けられます。

「情報の伝達」は、話し手が知っている情報を聴き手に伝えることが目的ですから、客観性が重要になります。これに対して「感情の伝達」は、話し手が自分の感情体験を聴き手に聴いてほしい、分かってほしいという欲求に基づいて行われます。そのため、愚痴や他人の悪口を言ったり、同じことを何度も繰り返したり、非論理的な話になったりします。

このような「感情の伝達」をしたい相手の話を聴くときは、相手の感情を受け容れることが重要ポイントです。聴き手としては、話の内容が正確であるか事実であるかということよりも、話し手の感情に注目して、それをとらえて反射させるのです。

話し手の感情をとらえれば、初級レベルの単純な語句の繰返しでも効果的です。話し手が口にした、感情を直接表現している単語や、感情に関連する語句をそのまま繰り返します。

「うれしい」「悔しい」「悲しい」「楽しい」などの喜怒哀楽を表す言葉は、多くの場合、話し手が言いたいことの核心となります。先の会話例では、話し手の言う「びっくりしちゃって」「懐かしくて」が、話し手の感情を直接表現しています。

このような話し手の言葉だけでなく、感情を伝える話し方（たとえば声の震え）や表情（たとえば笑顔）や身ぶり（たとえば両手を大きく拡げる）などに注目して、それを言葉にして「それは悔しいよね」「嬉しかったんだ」「それは驚いただろうね」などと反射させることもできます。これは、中級レベル以上の反射の仕方です。

上手な反射は、話し手が話し続けることを励まします。

話し手は、反射されると「話を真剣に聴いてもらっている」「理解されている」と感じることができます。自分の発言に関連した言葉が、聴き手の口から発せられ、しかも、それらの言葉は、自分の言っていることに反することや非難や批判の言葉ではありませんから、話の流れを妨げられることがありません。気持ち良く先へ先へと話を進められます。

また、話し手は、自分が発した言葉を、聴き手の反射の言葉で耳にすることで、自分の考えが整理されたり、自分では気づかなかった話の核心や自分の感情状態を確認したりすることができます。自分に関することが聴き手の口から発せられるのを聴くことで、多少なりとも客観的に自分の状態を顧みることになるからです。場合によっては、話し手自らが、問題解決のきっかけをつかむこともできます。

カウンセラーがクライアントに対して反射を用いるのは、このような効果を狙っているからです。

○聴き手にとっての3つのメリット

反射は、聴き手にとってもメリットがあります。第一に、「私はあなたの話を聴いている」というメッセージを、口で直接言わずに、相手に伝えることができます。

第二に、聴き手は、自分が理解したことを確認できます。反射は、話の内容を話し手に返す行為ですから、聴き手が理解した内容が正しいかどうかを、話し手からチェックされることになります。反射のチェック機能のおかげで、早とちりや誤解が防げます。たとえば次の例では、一回目の反射のおかげで誤解に気づいています。

「私、来月に転勤することになっちゃって。イヤだな……」

「転勤か。イヤだね」

「転勤そのものはイヤじゃないんだけど、あなたと離れるのがイヤなんです」

「えっ？　私と離れるのがイヤなの？」

「そう。転勤は慣れてるんだけど、あなたと毎日会えなくなるのがつらい……」

聴き手にとっての第三のメリットは、話し手にとっての問題が何であるかが、聴き手にもはっきりする点です。たとえば右の例では、話し手にとっての問題は、「転勤そのもの」ではなく、「毎日会えなくなる淋しさ」です。話し手の問題がはっきりすれば、聴き手としての対応もしっかりしてきます。

●話題に関連した質問をする

「私はあなたの話をもっと聴きたい」というメッセージを伝えるためには、話題に関連した質問をします。

話題に関連した質問は、話を能動的に理解しようとしていることを伝えますし、実際に、能動的に理解するのに役立ちます。聴き手として、もっと情報がほしいときには質問を発しましょう。ただし質問を発する目的は、あくまで話し手の話を促すことです。質問が、話の流れを変えたり、中断させたりすることがないようにします。

話題に関連した質問を実行する時機は、反射をした直後と、相手の話が途切れたときです。

ここでも、「閉じた質問」よりも「開いた質問」を心がけます。「なぜ、そう思ったの？」「なんで、そんなことしたの？」「どんなふうにしたの？」のような言い方です。

話題に関連した質問は、単純な「開いた質問」よりも、「焦点を絞った質問」を心がけます。焦点をぐっと絞れば「閉じた質問」になっても、話をある程度、聴いたあとならかまいません。

たとえば次の例では、開いた質問と、閉じた質問の両方が使われています。

「最近、伊藤さんに無視されてるんだけど、なんで無視されなきゃならないのか分からないんだよなあ。まいったよ」

「それは、まいるね。で、どんなふうに無視されてるの？」

「朝、顔合わせて、こっちが、おはようって言っても返事がないんだよ」

「今朝も、無視されたの？」

「うん」

話題に関連した質問を上手にすると、反射だけでは深まらなかった話が深まったり、話が展開したりします。

開いた質問をしながら反射を実行して、さらに話題に関連した質問をすれば、話し手は、気持ちよく自分のことを話します。その結果、あなたは多くの情報を手に入れることができます。

●仕草から思いを聴き取る

仕草は、場合によっては言葉よりも雄弁です。話し手は、自分の思いを言葉だけでなく、表情、声の調子、身ぶりや手ぶりなどの仕草でも伝えてきます。聴き手としては、これらの仕草からも話し手の思いを聴き取りましょう。

仕草から話し手の思いを聴き取るときに、あなたは、話し手の表情に注目していませんか。表情は、話し手が抱いている感情を如実に伝えますが、表情は、話し手が意識的に作ることもできます。必ずしも話し手の感情をストレートに表現しているとは限りません。

表情は、少なくとも6つの基本感情「驚き」「恐怖」「嫌悪」「怒り」「幸福」「悲しみ」を表現すると言われています（＊6）。これらのうち、幸福や驚きは容易に読みとれますが、「恐怖」や「嫌悪」は、分かりにくいものです。とくに日本人はアメリカ人に比べて、「嫌悪」の表出が弱く、否定的感情の表出については抑制的です（＊7）。

そのため、表情ばかりを手がかりにして話を聴いていると、話し手の感情が読み解けなかったり誤ったりする恐れがあります。これを防ぐには、表情以外にも注目することです。

注目すべき仕草は、無意識の動きが出やすい手や足の動き、そして音声です。

手の動きや指の動き、あるいは手にしている物の動きに注目しましょう。脚や足に動きはないか、可能ならば見てみましょう。

音声については、声の大きさや強さ、声の高さが手がかりになります。同じ内容でも、低い声で話しているか、高い声で話しているかによって、話し手の意図や感情は異なります。

話の速さも重要な手がかりです。話すスピードが普段よりも速いか遅いか、あるいは速くなったり遅くなったり変化していないか聴き分けましょう（＊8）。たとえば怒りは、話の速さと声の大きさに現れやすいことが実験でも明らかになっています（＊9）。

言い間違いや言葉のつっかえ、言い淀みなども、感情の動きを示しています。

間や沈黙も、何かを〝語って〟います。沈黙は、話の流れの中に位置づくことによって意味を伝えます。どのような意味になるかは、話の流れに依ります。言いにくいことを言おうかやめようか迷って沈黙する場合もありますし、結論めいたことを言ったあとにその内容を強調したくて沈黙する場合もあります。

話している最中の仕草の変化にも注目しましょう。話の途中で急に話のスピードが落ちたり、笑顔が急に消えたり、手で小物をいじり始めたりというような変化は、感情の動きを反映しています。手の先や足の先など、意識的なコントロールが弱い部分に、とくに注目しましょう。

また、言葉と仕草が異なったメッセージを伝えているときも、感情の動きがあるときです。たとえば、口で「大丈夫です」と言いながら声が沈んでいたり、逆に、「もうダメだ」と言いながら晴れ晴れとした表情をしていたり、「次は必ずやります」と言いながら視線が泳いでいたりすることがあります。

このようなとき、「大丈夫って言っているけれど、本当に大丈夫なの」などと、話し手に直接尋ねてみることもできます。話の内容や話し手との関係によっては、このような問い返しが、話し手の本音を引き出すことがあります。ただし、深追いをする必要はありません。話し手の本当の感情を推測するだけに留めておきましょう。

●聴き上手になるとは

相手の話を聴くことが、相手が喜ぶ贈りものになるための具体的な方法について列挙してきましたが、ここに列挙したことの大半は、実は、あなたが普段、人の話を聴いているときに、すでに何気なくやっていることです。大切なことは、何気なくやっている、うなずきや相づちや視線や姿勢、反射や質問などのことを、意識的に実行することです。相手が喜ぶものを〝与える〟つもりで意図的に実行してください。

意識的、意図的に実行すると、当初は多少ぎこちない点があるかもしれませんが、くり返して実行しているうちに、自動的に、自然に実行できるようになります。そうなったときに、あなたは、まわりの人から「聴き上手」と呼ばれるようになります。あなたに話を聴いてほしいという人が、あなたのまわりに寄って来るようになります。

ここに挙げた具体的な方法は、心理学では「聴くスキル」と呼ばれています。

聴くスキルを実行すれば、あなたの聴く力が高まるだけではありません。あなたの「聴き出す力」を高めることになります。聴き出す力は、ビジネスパーソンであれば、特に営業に関わる人に求められる能力です。営業は、伝える力（プレゼンテーション力）が必要ですが、伝える力を支えるのは、聴き出す力です。クライアントから多くのことを聴き出したあとであれば、有効なプレゼンテーションができます。

ところで、スキルは、一般には、目的を手に入れるために使う道具です。聴くスキルも道具です。ですから、聴くスキルは、あなたが「話を聴きたい」という目的を手に入れるための道具として使えますし、「聴きたくない」という目的を手に入れる道具としても使えます。

もし、「話を聴いてほしい人ばかりが自分の周りにたくさんいるのはうっとうしい」

と思うならば、あるいは「きょうはあまり話を聴いてあげられる気分ではない」と思うときは、ここで挙げたスキルを減らす方向で調整してください。聴くスキルを調整すれば、相手との心の距離も、あなたの目的に応じて自由に変えることができます（＊10）。

◆注

＊1　英語でもhearとlistenという2つの単語があります。オックスフォード新英英辞典によるとhearは、perceive with the ear the sound made by someone or somethingと説明されていて、listenは、give one's attention to a soundと説明されています。hearが「聞く」で、listenが「聴く」におおよそ対応しています。

＊2　自己会話は、self-talkの日本語訳です。同じ事を自己陳述（self-statement）と言うこともあります。

＊3　この研究は、次の文献に載っています。

・Matarazzo, J. D., Saslow, G. W., Wiens, A. N., Weitman, M., & Allen, B. V.（1964）. Interviewer head nodding and interviewee speech durations. *Psychology: Theory, Reseach and Practice*, **1**, 54–63.

＊4　この研究は、次の文献に載っています。

・川名好裕（一九八六）対話状況における聞き手の相づちが対人魅力に及ぼす効果、実験社会心理学研究、二六巻、六七－七六頁。

＊5　この研究は、次の文献に載っています。

・Osugi, T., & Kawahara, J. I.（2018）. Effects of head nodding and shaking motions on perceptions of likeability and approachability. *Perception*, **47**, 16–29.

＊6　エクマン、P.／フリーセン、W. V.（著）、工藤　力（訳編）（一九八七）『表情分析入門』（誠信書房）

＊7　この研究は、次の文献に載っています。

・中村　真（一九九一）情動コミュニケーションにおける表示・解読規則、大阪大学人間科学部紀要、一七巻、一一五－一四六頁。

＊8　以下の論文は、聴くことについて興味深い結果を示しています。

・Reinhard, M. A., Sporer, S. L., Scharmach, M., & Marksteiner, T.（2011）. Listening, not watching: Situational familiarity and the ability to detect deception. *Journal of Personality and Social Psychology*, **101**, 467–84.

＊9　以下の論文が、参考になります。

・Siegman, A. W., Anderson, R. A., & Berger, T.（1990）. The angry voice: Its effects on the experience of anger and cardiovascular reactivity. *Psychosomatic Medicine*, **52**, 631–643.

＊10　ここで述べた聴くスキルは、学校では「ソーシャルスキル教育」という名前で、小学校、中学校での授業の中で教えられることもあります。具体的なやり方や、効果については、以下の本が参考になります。

・佐藤正二・相川　充（編）（二〇〇五）『実践！　ソーシャルスキル教育　小学校―対人関係能力を育てる授業の最前線―』（図書文化社）

・相川　充・佐藤正二（編）（二〇〇六）『実践！　ソーシャルスキル教育　中学校―対人関係能力を育てる授業の最前線―』（図書文化社）

第4章

秘訣その四　助けを求めて絆を強める

●助けを求めることを、なぜ、ためらうのか

交通事故で怪我をしてしまった。部屋が火事になった。溺れて沈みかけている。このような生命の危機にであったら、だれもが必死に助けを求めます。

ところが、一人では期限までに仕事が片付かない、パソコンの調子がおかしくて文書がうまく作れなくなったなどといった非緊急事態では、案外、私たちは助けを求めるのをためらってしまいます。なぜでしょうか。

私たちは幼い頃から、自分のことは自分でするように教育を受けてきましたから、簡単に人に助けを求めないことが立派な振る舞いだと思い込んでいます。この思い込みがあるために、次のようなことが気になって、私たちは気軽に助けを求めません。

ひとつは、プライドの問題です。人に助けを求めることは、「自分の力だけでは解決できない」と宣言するようなもので、「自分は劣っている」と相手や周囲の人たちに伝えることになります。これはプライドを脅かされる行為です。人に助けを求めることは、プライドにかかわることなので、私たちはためらいます。

また、助けを求めても、断られたり無視されたりするのではないかという不安があります。自分の無力さをさらけ出しながら恥を忍んで助けを求めても、相手から拒否されたり無視されたりしたら、屈辱感を味わい、自分が惨めになり、プライドが傷つきます。

2つ目は、助けを求めようとすると、相手に対して申し訳なさや心苦しさが湧きます。助けを求められた相手は、こちらのために、労力、時間、お金など、何らかのコストを費やさなければなりません。相手が支払うコストのことが気になり、このコストが大きければ大きいほど、相手に対する申し訳なさや心苦しさが湧きます。

このことは、私たちの言葉づかいに現れています。この本の「秘訣その一　あいさつで始め、あいさつで終える」で述べたように、私たちは、感謝する場面であっても、「すみません」と謝罪の言葉も口にします。人に助けを求めようとすると、相手の苦労や迷惑に思いが行き、心が穏やかでなくなり、その結果、助けを求めるのをためらってしまうのです。

3つ目は、借りの感覚や負い目です。

人に助けてもらったときに、相手に苦労や迷惑をかけたという思いがあると、「すみません」と謝っただけでは気がすまず、相手が支払った労力や時間などのコストに関して、借りができたという感覚を覚えます。

この感覚は、いわば心の借金ですから（＊1）、現実の借金と同様、借りのある相手には頭が上がらなくなります。相手と自分は「対等だ」、「自分の方が上だ」などと思っていた力関係に変化が生じる恐れがあります。心の借金を避けたい気持ちが強ければ、人に助けを求めることに抵抗を覚えます。

要するに、人に助けを求めることは、プライドが脅かされ、相手から拒否や無視されたりする不安もつきまとい、相手を煩わせることに心苦しさを覚え、相手に借りを作ることを避けたい気持ちが湧きます。その結果、「人に助けを求めるのは、やめよう」と思うのです。

しかし、人に助けを求めず、目の前の問題が未解決のままならば、最初の小さな問題がもっと大きな問題になったり、別の問題を新たに引き起こしたりするかもしれません。

状況が悪化し、さらに四苦八苦しなければならなくなるかもしれません。

問題を悪化させたり、別の問題を引き起こしたりしないために、プライドや、「申し訳ない」という気持ちや心の借金から逃れようとするのではなく、「助けを求めることがあっても仕方がないことだ」と思って、あきらめましょう。

「あきらめる」と言うと消極的な響きがありますが、「あきらめる」は、もともとは「明（あき）らむ」つまり、事情や物事をはっきりさせる意味から出てきた言葉です。「あきらめる」とは、自分にできることと、できないことを区別して、できないことを受け入れることです。上手にあきらめられる人は、精神的に健康だと言っている研究者もいます（＊2）。

●頼んで〝あげる〟という発想

「あきらめましょう」と言われても、「やはりプライドが許さない」と、あなたは思うかもしれません。そう思うなら、この本の「秘訣その二　相手の視点から世界を見る」

を実践してみましょう。つまり、助けを求めることを、求められた方の視点から見てみましょう。

　助けを求められた方にしてみると、それに応えようとすれば、確かに、時間や労力やお金などのコストがかかります。「面倒だ」という気持ちも湧きますが、助けを求められたということは、相手がこちらの存在や実力を認めてくれたことを意味しています。悪い気はしません。プライドをくすぐられます。

　実際に助けてあげれば、相手との力関係は、自分の方が上向きに変化します。また、相手に貸しを作ったことになります。貸しがあれば、自分が困ったときに、貸しのない人よりも、お返しに助けてもらえる可能性が高まります。自分が困ったときに助けてもらえる可能性が高まるので、将来起こるかもしれない負の事態に備える〝保険〟になります。

　このように、あなたが助けを求める状況は、相手の視点から見れば、心理的な報酬が手に入る状況なのですから、助けを求めるときに、相手に対して過剰に「申し訳ない」と思う必要はありません。助けを求めることによって、相手に心理的な報酬を与えて〝あげる〟と考えても良いのです。相手に報酬を与えるつもりで、一人で解決するのが難しい課題を突きつけられたときは、助けを求めましょう。

助けを求めなければならない状況になったら、まず、「ものを頼む」状況になったと考えます。「人に助けを求める」だとプライドに差し障るかもしれませんが、「ものを頼む」のなら、プライドへの脅威は多少和らぎます。

次に、ものを頼んで〝あげる〟という発想をします。人にものを頼んで〝あげる〟チャンスがやって来たと考えましょう。

頼んで〝あげる〟という発想は、立場が上の者が、下の者に対して持つことがあります。

たとえば、上司が部下を育てるために、敢えて部下に仕事を頼む場合や、教師や親が子どもに向かって「ちょっと助けてほしい」などと言いながら教育的配慮から用事を頼む場合です。このようなときは、頼む側には、頼んで〝あげる〟という発想があります。この発想を、同僚や友人などの水平の対人関係でも、さらには、立場が自分よりも上の人との関係においても持つのです。

周囲の人にものを頼んであげれば、相対的に相手を持ち上げることができます。

●頼むと好かれる

人にものを頼めば、相手を持ち上げてあげることになるのですから、持ち上げられた方は、悪い気はしません。ものを頼むと、頼んだ人の好感度が増すことは、心理学の実験で証明されています（＊3）。

この実験では「学習に関する実験」と称して、実験参加者に次々に問題を解いてもらい、正解するたびにお金をあげました。参加者が一定の金額を手にしたところで、実験は表面上終わり、参加者に実験参加のお礼を述べました。

ここまでは、すべての実験参加者を同じに扱いますが、このあと複数の参加者を三種類のいずれかの条件に割り振ります。

「直接依頼」条件の参加者には、「実は、実験の資金が足りなくなりつつあるので、できればお金を返してくれないだろうか」と、実験者が直接、頼みました。

「間接依頼」条件の参加者には、実験者とは別の事務職員が登場して、同じ言葉で頼みました。

「比較」条件の参加者には、このような依頼は全くしませんでした。

実験の最後に、「実験の感想を聞きたい」と称してアンケートをとり、その中に、実験者に対する好感度を尋ねる項目を混ぜておきました。

この項目を分析してみると、実験者に対する好感度が一番高かったのは、「直接依頼」条件でした。間接的に頼んだ場合や、頼まなかった場合よりも、好意的に評価されたのです。お金の損得という面でみると、お金の返却を頼まず得をさせた「比較」条件の参加者よりも、「お金を返してくれ」と頼んで損をさせた参加者から好意的に評価されたのです。

この実験が示すように、人にものを頼めば好かれるのです。

ただし、ものを頼むときに、気をつけなければならない点があります。頼まれた相手が実行できる程度のものを頼むということです。大変な労力や時間やお金をかけなければならないことを頼めば、相手は大きな負担感から、頼んだあなたを恨みます。また、頼まれた相手は、頼まれたことが実行できないことで、プライドを傷つけられたと感じるかもしれません。

右に紹介した心理学の実験でも、実験参加者は実験で得たお金の返却を頼まれたので、頼んだ人の好感度を上げましたが、もし、実験参加者自身のお金を新たに出してほしいと頼まれたとしたら、実験結果は違ったものになったでしょう。

ものを頼むタイミングや、頼むときの話の持っていき方にも注意が必要です。同じ内容の頼み事でも、言い方によって相手の反応は違ってきます。具体的には、以下のような点に気をつけましょう。

●言葉を添えて頼む

あなたは今、会議の配付資料を至急、用意しなければならないとします。A4の紙で四十七枚の資料をコピーして、会議の参加者三十九人分の配付資料を二五分以内に一人で作らなければなりません。二五分以内で準備が終わるかどうか微妙です。二人でやれば、確実に間に合いそうです。

同僚が一人、そこに居ます。あなたは、この同僚に何と言って助けを求めれば良いでしょうか。

このような場合、ただ単に「すみません、コピーするのを手伝ってください」と頼んでも意図は通じますが、「私一人では間に合いそうもないので、すみませんがコピーするのを手伝ってください」と、助けを必要とする「理由」をつけた方が、頼みを聞き入れてもらいやすくなります。

さらに、「二〇分間だけコピーするのを手伝ってください」と、頼み事の具体的な内容を示す「条件」や数字を付け加えると、さらに聞き入れてもらいやすくなります。

ここで付け加える「理由」や「条件」は、事実であるかどうかは重要ではありません。「ちょっと助けが必要なので、手伝ってもらえない？」とか、「お金を借りたいんだけど、お金を貸してくれない？」というように、厳密に考えれば助けを求める理由になっていない言葉でも良いのです。

理由らしく聞こえれば、まったく理由を言わないときよりも、引き受けてもらえる確率が高まることが心理学の実験で示されています。「理由」や「条件」の言葉を添えると聞き入れてもらいやすくなるのは、依頼の際の言葉数が増えることで、言葉の丁寧さのレベルが高まるからです（＊4）。また、頼まれた方が、「その理由ならば」「その条件ならば」と、頼み事の内容を具体的に理解して、「助けてあげよう」という気持ちが高まるからです。

頼み事をするときに、さらにもうひと言、言葉を添えると、助けてもらいやすくなります。それは、頼み事を叶えてもらったあとの「肯定的な結果」に言及することです。たとえば「助けてもらえると、会議に間に合います」、「お金を貸してもらえれば、きょうのうちにこれを買えます」などと、助けがもたらす肯定的な結果を言います。あるいは、「助けてもらえると、うれしい」「お金を貸してもらえれば、安心できる」などと、助けがもたらす自分の「肯定的な感情」を言いましょう。これらの言葉は、助ける側に、肯定的な結果を生み出す機会に参与できることを知らせる働きがあり、「助けてあげよう」という気持ちを高める効果があります。

ときおり、頼み事を叶えてもらえなかった場合の否定的な結果に言及する人がいます。「助けてもらえないと、会議に間に合わないのです」「お金を貸してもらえないと、きょうのうちにこれを買えないのです」などという言い方です。

こういう言い方は、助けを必要とする緊急度を訴えることになりますが、陥っている窮状から脱せない責任や、否定的結果を招く責任を、相手に転嫁するように聞こえます。「あなたが私を助けないと否定的な結果になる」と言っているのですから、相手を脅していることにもなります。頼まれた方は、良い気持ちがしませんので、このような言い方は避けましょう。

頼み事をするときに添える言葉は、助けを必要とする「理由」と、頼み事の具体的な内容を示す「条件」、そして頼み事を叶えてもらったあとの「肯定的な結果」に言及する言葉です。

最近は、メールやＳＮＳなどを使って、文字で、ほかの人にものを頼む機会が増えています。そのようなときに、あなたが作った依頼の文章に、「理由」と「条件」と「肯定的結果」が含まれているかどうかチェックしてみましょう。これらをすべて含んだ文章を送れば、相手が引き受けてくれる可能性はぐっと高まります。

●小さな頼み事の後に本来の頼み事をする

助けを求めるときに、小細工を弄《ろう》するようなテクニックを使うことは必ずしもお奨めしませんが、相手に断られてプライドが傷つくのを防ぐために、つまり、相手にこちらの頼み事を引き受けてもらえる可能性を高めるテクニックを２つ紹介します。

ひとつは、「段階的要請法《だんかいてきようせいほう》」と言われている頼み方です。

企業の営業担当者は、人にものを頼むプロだと考えることができます。営業担当者たちは、さまざまな工夫やテクニックを使って、商品を購入するよう顧客に頼んでいます。人にものを頼むプロの営業担当者が使っている代表的なテクニックが段階的要請法です。具体例として私の実体験を紹介しましょう。

ある日、私の研究室のドアがノックされました。私が「はい」と答えると、女性が一人、生命保険会社の名前を口にしながら入ってきました。私はお引き取り願おうと思い「保険には既にいろいろ入っている」と言いました。

すると彼女は「簡単なアンケートに答えてくれませんか」と言います。「時間はとらせませんから、ちょっとした質問に答えていただくだけで結構です」と言ってニコッと笑います。つい承知して、五分間程度の他愛ない質問、たとえば「どんな色が好きですか」「誕生日の星座は?」などに答えました。すると、「今このキャンペーンをやっているんです」と、カラフルなパンフレットを差し出しました。私がパンフレットを手にすると彼女は「また来ます」と言って部屋を出て行きました。気がつくと私は、受け取るつもりのなかったパンフレットを手にしていました。

数日後、再び現れた彼女は、私の生年月日から割り出した「生涯プラン」なる書類を差し出しました。私は、他愛ない質問につられて自分の生年月日をしゃべったことを思い出しながら、彼女が差し出した書類に目を落としました。

当初、受けとるつもりのなかったパンフレットや、私の生年月日に基づいたセールスの書類を私が手にすることになったのは、彼女が段階的要請法を使ったからです。

この要請法は、最初に、相手が簡単に受け入れてくれそうな小さな頼み事をして、相手がそれを受け入れたあとに、本来の頼み事を出すテクニックです。頼み事を「小」から「大」へと段階的に引き上げていくのです。すると、本来の頼み事をいきなり出すよりも、受け入れてもらえる可能性が高まります。

右に挙げた私の体験談は古典的な例ですが、最近は、インターネット上の営業活動でも段階的要請法が盛んに使われています。たとえば、「五分で答えられる簡単なアンケート」に答えると、次からは商品購入のメールが送られてきたり、商品購入の契約画面が送信されてきたりします。

段階的要請法は、宗教の勧誘でも用いられています。

ある宗教団体は、街で一般の人に、「簡単なアンケートに答えてください」などと声をかけます。これに応じた人には、簡単な負担で済む次のステップのお願いをします。そのあと段階的に頼み事を引き上げてゆくので、勧誘されている人は抵抗感が少なく、宗教団体が設定している階段を少しずつ昇ってゆきます。

段階的要請法が効果を持つ理由は、小さな頼み事が、頼み事をされた側の警戒や拒否のハードルを下げ、頼み事をする側とされる側との関係の扉を開ける役割を果たすからです。

小さな頼み事は、それをかなえるためのコストが小さいので、頼み事をされた側は警戒せずに気軽に引き受けます。いったん小さな頼み事を引き受けると、頼み事をした側のことを「見ず知らずの人」ではなく、「頼み事を引き受けてあげた人」だと思います。その人から、大きな頼み事をされても、拒否のハードルが下がっているために引き受けやすくなります。また、小さな頼み事を引き受けた側は、自分のことを「頼み事を聞き入れる人」だと思い、大きな頼み事も引きうけやすくなります（＊5）。

あなたが人に助けを求めるときも、この段階的要請法が使えます。相手が初対面の人ならば、小さな頼み事のあとに、本来の頼み事をします。すでに見知っている人に対しては、日頃から、実行可能な小さなお願い事をしておきましょう。すると、大きな頼み事でも、いつもの気軽さで引き受けてくれる可能性が高まります。

●断らせてから頼む

とても多忙な相手に「一時間あけてほしい」と頼むとします。一時間の確保が必要なとき、あなたなら、どのような頼み方をするでしょうか。

「お願いです、どうぞ一時間だけあけてください」と下手に出て、ひたすら頭を下げる。「どうしてもこの一時間は譲れないのです」と熱意で押し切る。このようなやり方が考えられますが、どのような頼み方をするにしても、相手に断られないようにすることが常識的な頼み方です。

ところが、相手に断らせて、こちらの頼みを受け入れさせるやり方があります。ものを頼みたいのに「断らせる」と言えば、矛盾しているように聞こえますが、これは、本来の依頼よりも大きな依頼をして、相手にいったん断らせたあとに、本来の頼み事をするというやり方です。

右の「一時間あけてほしい」と頼む場合を例に取ると、まず「二時間あけてほしい」と言って、相手にとって無理なお願いをわざとします。相手に「そんな長い時間は無理だ」と断らせたあとで、「それでは一時間ではどうでしょうか」と、本来の依頼を切り出すやり方です。頼み事を「大」から「小」へ段階的に引き下げていくこの頼み方は、「譲歩的要請法《じょうほてきようせいほう》」と呼ばれています。

譲歩的要請法を実行している人が、あなたの身近にいるかもしれません。

たとえば値引き交渉で、一割引いてほしいときに、最初に二割と言って相手が拒否したところで「では一割引で」と切り出す人。

部下にノルマ一〇〇を達成させようとして、最初に「ノルマは一二〇」と宣言して、部下に「無理です」と言わせてから「では一〇〇はどうだろうか」し譲ってみせる上司。

このように、この頼み方をすでに使っている人でも、なぜ、譲歩的要請法が効果を発揮するのか、その理由は理解していないのではないでしょうか。

この頼み方が効果を発揮するのは、「お返しをしなければならない」という気持ちを巧みに利用しているからです。

私たちは、メールをもらえば返事を書き、お土産をもらえば自分もお土産を買って返し、おごってもらったら次はおごり返し、親切にしてくれた人には親切にしてあげようとします。ほかの人から何か良いことをしてもらって心の借金を抱えると、居心地の悪さを感じて、私たちは「お返しをしなければならない」と感じます。

そこで譲歩的要請法では、まず大きな依頼をして相手に断らせて、こちらはそれを受け入れて譲歩してみせます。この譲歩によって相手に「借りができた」という心の借金を負わせ、「お返しをしなければならない」という気持ちにさせます。そこへすかさず小さな、ただし本来の依頼をします。すると相手は「お返しに、今度は自分が譲歩する番だ」と考えて、こちらの依頼を受け入れるのです。

この頼み方が効果を発揮するもう一つの理由は、対比効果《たいひこうか》が働くからです。

優秀な販売員は、たとえば五万円の商品を売りたいときに、最初に七万円の商品を勧めて、そのあとに五万円の品を勧めます。すると、同じ五万円でも安く感じさせることができます。同様に、譲歩的要請法で最初にする大きな依頼は、本来の依頼を小さく感じさせる対比効果を作り出します。最初に二時間と言っておけば、いきなり「一時間あけてほしい」と言うよりも、一時間を短く感じさせられます。

譲歩的要請法は、相手が依頼を引き受けてくれた場合には、相手に満足感と責任感を与えることができます。なぜなら相手は、「自分がいったん断った結果、大きな条件が小さな条件になった」と思い込んでいるため、「小さな条件を自分が獲得した」という効力感や満足感を持ちます。しかも、「それを承知させたのは自分だ」という思いがあるため、頼まれたことを実行することに責任も感じます。

たとえば、部下が、上司から「ノルマ一二〇」と頼まれたことに対して、いったん断ったあとでノルマ一〇〇の条件で引き受けた場合、部下は「自分が上司に交渉して一〇〇に承知させた」と満足し、同時に、ノルマ一〇〇に対する責任も感じます。満足感と責任感を感じていれば、頼まれたことを確実に実行しようとします。

あなたが、この譲歩的要請法を使うときは、次の点に注意しましょう。

ひとつは、断らせる大きな頼み事と、次に出す本来の頼み事の間隔を空けないことです。時間が経つと、心の借金の感覚や「お返しをしなければならない」という義務感が薄らいでしまうからです。その場で、最初の大きな頼み事よりも条件を下げたように見える本来の頼み事を行いましょう。

2つめは、最初の大きな頼み事は、いくら大きくても現実的な範囲内にすることです。非現実的な条件では、断ることが心の借金にならず、お返しの義務感を生まないからです。また、最初の頼み事が非現実的に大きすぎると、本来の頼み事との対比効果も生まれません。現実的な範囲で、大きな条件を出すことです。

3つめは、最初の頼み事の内容と、本来の頼み事の内容の本質を変えないことです。「大」から「小」へと変えるのは依頼の条件です。たとえば、「二時間あけてほしい」と言って、断らせたあとに「それでは一時間ではどうでしょうか」と言う場合、「大」から「小」へと変えたのは、時間の長さという条件であって、「時間をあけてほしい」という頼み事の内容ではありません。

●助け合うネットワーク

あなたは困ったときに、だれに助けを求めますか？　友達でしょうか、恋人でしょうか。親でしょうか、きょうだいでしょうか。それとも職場の人でしょうか。

当然、助けを求める内容によって、助けを求める相手も違ってきます。私たちは、助けを求める内容に応じて、助けてくれそうな人を、自らの人間関係の中から選んでいます。その人間関係を可視化することができます（＊6）。

紙を一枚取り出してください。紙のまん中に小さな円を描いて、その円の中に「自分」と書きます。

次に、この「自分」の円を中心に、3つの同心円を、紙全体を使って描きます。

「自分」の円のすぐ外側の第一の同心円内には、あなたにとって親密で重要な人物の名前を書き込んでください。長期にわたり安定した関係がある人です。親や配偶者を書き込む人もいるかもしれませんが、親も配偶者も「第一の同心円内には入らない」と思う人もいるかもしれません。あくまでも主観で判断して、該当する人物の名前を書き込みます。

第二の同心円内には、第一の同心円内には入らないけれども親密で重要であると思う人物の名前を書き込みます。時間の経過とともに親密度や重要度、あるいは役割が変化する人です。たとえば職場の同僚や上司のように人物が、ここに入るかもしれません。

第三の同心円内には、知人、顔見知りの人、あるいは職業上の知人の名前を書き込みます。

3つの同心円内に書かれた名前を見て、もし、その人物同士が知り合いならば、その人物同士を線で結びます。

こうしてできあがった図をみると、あなたを中心に人間関係のネットワークができているのが分かります（図2）。あなたが困ったときに助けを求める相手は、このネットワークの中にいます。あなたが困ったり悩んだりしているときに、共感したり心配したり励ましてくれる人、仕事を手伝ったり役立つ情報や専門的な知識を与えてくれる人も、このネットワークの中にいます。

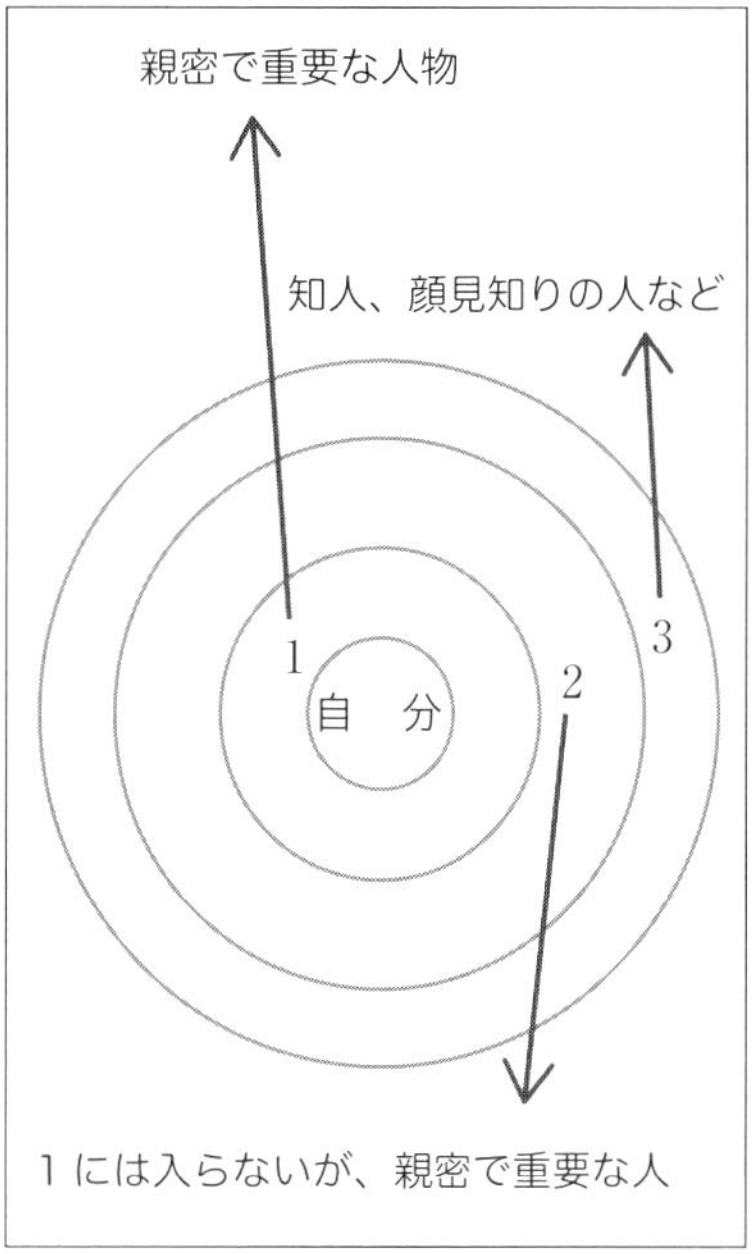

図2

一人で解決できない問題が目の前に突きつけられたら、ほかの人との絆を強めるチャンス到来です。ほかの人との絆を強めるつもりで、このネットワークの内側にいる人に、助けを求めましょう。助けを求めれば、その相手との関係が強まります。助けを求めた結果、ネットワークの第三の同心円内にいた人物が、第一の同心円内に位置する人物になることも起こり得ます。助けを求めなければ、このような変化は生まれません。

ただし、助けを求める相手は、頼み事の内容によって変えるようにします。特定の一人ばかりに、助けを求めないようにします。「これは渡辺さんに助けてもらおう」「これは山本さんにお願いしよう」というように、助けを求める内容によって相手を変えます。そうすれば、特定の人にばかり負担がかからないだけでなく、助けを求めることによって人間関係のネットワークを豊かに拡げることができます。

また、助けを求める内容によっては、このネットワークの外側の人、つまり、これまでまったく関係がなかった人に、助けを求めなければならない状況も生じます。そのような状況になったら、ネットワークの外側にいる人にも、助けを求めましょう。助けを求めれば、その相手との関係が新たに始まります。

●助け合って生きる

人づきあいの秘訣として強調したいことは、助けを求めるという行為です。助けを求めることは、自分のまわりの人に働きかける行為です。自分のまわりの人に働きかければ、相手との関係に何らかの影響が生じます。相手が常に助けてくれるとは限りませんし、助けてもらっても、問題が解決するとは限りませんが、助けを求めること自体が、相手との関係を強める方向に作用します。少なくとも、相手と接触する頻度が高まるからです。

そして、もし、助けを求めたことがある人から、あなたが助けを求められたら、可能な限り手助けをしましょう。

人類は独りでは生きていけない生き物です。私たちは、誰かに助けてもらわないと生きていけません。私たちは誰かに助けてもらい、誰かを助けて、支え合って日々の生活を送っています。ほかの人との競争を避けて共存をめざし、できるだけ協力、共同、協同、協働しましょう。

心理学の各種の研究によると、ビジネスの世界で優秀な成績を挙げている人は、そうでない人と比べると、豊富で強力な支え合いのネットワークを持っていました。豊かなネットワークを持っている人ほど、ストレスによる悪影響が少なく、免疫機能の低下が抑えられて、病院の受診回数が少なく、死亡率にさえ影響していました（＊7）。また、最近の研究では、助けてもらった程度と助けてあげる程度が同程度であるほど、人との支え合いが心身の健康に有益な効果を持つことが分かりました（＊8）。

豊富な支え合いのネットワークが心や体に良い影響を及ぼす理由は、少なくとも3つあります。

第一に、ネットワークがしっかりしていれば、ストレスの原因になることが多い人間関係のトラブルが起こりにくいからです。自分のまわりにいる人達が助け合うことを惜しまない人達であれば、争いや葛藤が起こりにくくなります。

第二に、トラブルに直面したときに、「自分には自分を助けてくれる人がいる」と思えれば、トラブルに耐える力が湧いてきます。ネットワークが豊富な人は、そうでない人よりも、トラブルが発生したときに生じる不安や怒りなどの負の感情を低く抑えられることが、調査データでも示されています。

第三に、豊富で強力な支え合いのネットワークを持っていれば、発生したトラブルの解決に役立つ具体的な助けや、有益な情報を容易に得ることができ、しかも、精神的に励ましてもらうこともできます。

助けたり助けられたりした方が、心の健康にも体の健康にも良いのですから、助けを求めることをためらわず、「頼んであげる」くらいの気持ちをもって、上手に助けを求めて、ほかの人との絆を強めましょう。

◆注

＊1　「心の借金」は、心理学の専門用語では「心理的負債」と言います。心理的負債（I: indebtedness）の大きさは、助けてもらったことによって自分が得たと思う利益（B: benefit）の大きさと、助けるために相手が払ってくれたと思うコスト（C: cost）の大きさで決まるので、$I = x1B + x2C$ という式で表現できます。この式において、$x1$ と $x2$ は重みを表し、アメリカ人では $x1 > X2$ だと言われています。つまり、アメリカ人にとって心の借金の大きさは、「自分が得た」と思う利益の大きさの方が、「相手が支払ってくれた」と思うコストの大きさよりも重要であるということです（Greenberg, 1980）。これに対して、日本人では $x1 < x2$ だと私は論文で主張しました（Aikawa,

1990）。つまり、日本人にとっての心の借金の大きさは、「自分が得た」と思う利益の大きさよりも、「相手が支払ってくれた」と思うコストの大きさの方が重要で気にかかるということです。

私のこの主張は、一八年後に、アメリカ人と日本人を直接、調査対象として比較した、一言・新谷・松見（二〇〇八）の研究で支持されました。

・Greenberg, M. S.（1980）. A theory of indebtedness. In K. Gergen, M. S. Greenberg, & R. Willis（Eds.）, *Exchange theory*. New York: John Willey & Sons. Pp.3-26.

・Aikawa, A.（1990）. Determinants of the magnitude of indebtedness in Japan: A comparison of relative weight of the recipient's benefits and the donor's costs. *The Journal of Psychology*, **124**, 523-534.

・相川　充（一九八八）心理的負債に対する被援助利益の重みと援助コストの重みの比較、心理学研究、五八巻、三六六－三七二頁。

・一言英文・新谷　優・松見淳子（二〇〇八）自己の利益と他者のコスト　心理的負債の日米間比較研究、感情心理学研究、一六巻、三－二四頁。

＊2　あきらめることは、単純に消極的で不適応なことではないことを、心理学では「適応的諦観」という概念で説明します。「適応的諦観」の程度を調べる心理尺度は、「周りに頼ることがあっても良い」「自分に弱点があってもまあいいかと思える」「うまくいかないことがあっても仕方がないと思える」などの項目で構成されていて、これらの項目に「そう思う」と答える程度が高い人ほど、精神的

に健康です。

・菅沼慎一郎・中野美奈・下山晴彦（二〇一八）精神的健康における適応的諦観の意義と機能、心理学研究、八九巻、二二九－二三九頁。

＊3　この実験は、以下の論文に載っています。

・Greenberg, M. S., & Shapiro, S. P.（1971）. Indebeteness: An adverse aspect of asking for and receiving help. *Sociometry*, **34**, 290–301.

＊4　言葉数が増えると丁寧さのレベルが高まることは、ポライトネス理論で主張されています。ポライトネス理論については、たとえば、次のような文献が参考になります。

・銅直信子（二〇〇一）日本語におけるポライトネスの現われ方　談話参加者の情報量を中心に、敬愛大学国際研究、八巻、五三－七九頁。

＊5　小さな頼み事を引きうけた人は、自分のことを「頼み事を聞き入れる人」だと認識するという説は、心理学のフィールド実験で証明されています（原岡一馬（著）（一九七〇）『態度変容の社会心理学』（金子書房））。

この実験では、いきなり大きな頼み事をされた人の五五％は拒否しましたが、一週間前に、小さな頼み事をされて、これに応じた人達の八二％は、大きな頼み事も引き受けました（実験１）。

また、最初の小さな頼み事をする者と、あとで大きな頼み事をする者が同じ人物でなくても、八五％が引き受けました（実験２）。

さらに、最初の小さな頼み事と、あとの大きな頼み事の内容が違っていても、小さな頼み事に応じた人たちの七五％が、大きな頼み事を引き受けました（実験３）。

小さな頼み事と大きな頼み事が違う人物によって行われても、また、小さな頼み事と大きな頼み事の内容が違っていても、同じ効果が得られる理由は、小さな頼み事を聞き入れた人は、自分のことを「頼み事を聞き入れる人」という認識を持ち、このように認識すると、頼み事を受け入れることに抵抗感が減り、そのあとの大きな頼み事に対しても、この自己認識に合わせて、聞き入れると考えられています。

＊6　ここで説明する図は、Kahn & Antonucci（1980）が提唱した「社会的コンボイ・モデル（convoy model）」に基づきます。コンボイとは護送船団の意味です。社会的コンボイという概念は、母艦が多数の護衛艦に守られているように、個人も複数の人々によって支えられて生きていることを表現しています。
・Kahn, R. L., & Antonucci, T. C.（1980）. Convoys over the life course: Attachment, roles and support. In P. B. Baltes & O. G. Brim（Eds.）, *Life-span development and behavior*. Vol. 3. Academic Press. 253-286.

・東 洋・相木恵子・高橋恵子（編集・監訳）（一九九三）『生涯発達の心理学 第2巻 気質・自己・パーソナリティ』「5章 生涯にわたる「コンボイ」」（新曜社）

＊7 人との助け合いは、心理学の専門用語では「ソーシャル・サポート」と言います。この本の「秘訣その一 あいさつで始め、あいさつで終える」の注（＊6）で述べたように、ソーシャル・サポートが心身の健康に好ましい影響を与えることは「ソーシャル・サポートのストレス緩衝仮説」と呼ばれています。

＊8 次の論文を参考にしました。

・Gleason, M. E. J., Iida, M., Shrout, P. E., & Bolger, N. (2008). Receiving support as a mixed blessing: Evidence for dual effects of support on psychological outcomes. *Journal of Personality and Social Psychology*, **94**, 824-838.

第5章

秘訣その五　自分の思いは伝える

●思いは伝えなければ伝わらない

聴き上手になることは、人づきあいの秘訣の一つであると述べましたが、人の話を聴いてばかりでは、人づきあいは発展も深化もしません。あなたが自分の思いを伝えなければ、人間関係を新たに開始することも、既存の人間関係を深めることもできませんし、ビジネスの現場であれば、そもそも仕事になりません。

以心伝心などということはあり得ません。人の話を上手に聴いたあとは、自分の思いを伝える必要があります。

私たちが自分の思いを伝える目的は、「秘訣その三　聴き上手になる」で述べたように、大きく分ければ「情報の伝達」と「感情の伝達」です。

このうち「情報の伝達」は、ビジネスの現場であれば、「ほう（報告）れん（連絡）そう（相談）」のうちの「報告」や「連絡」が典型例です。相手に伝える内容には、客観性や論理性、あるいは情報の新鮮さが重要です。

ビジネスの現場ではなく、私的な関係の場合でも、「情報の伝達」を目的としているときは、個人的な思いよりも、客観的な情報や状況の説明などが中心になります。したがって「情報の伝達」を目的として自分の思いを伝えるときには、私たちは自ずと冷静に伝えようとします。

他方「感情の伝達」は、心の中に生じている感情をだれかに話したいという欲求に基づいて行われます。「この感情を伝えたい」という欲求が出発点ですから、思いを伝えるときは、すでに〝感情的〟です。

ただし、たとえ感情的であっても、目の前の相手が、喜び、満足、感謝、感動などの肯定的な感情を生み出してくれた当人であれば、あなたが、その感情をそのまま素直に相手に伝えても、何の問題もありません。むしろ、相手との関係に良好な効果を及ぼすでしょう。

これに対して不平、不満、嫉妬、怒りなどの否定的な感情を、そのまま相手に伝えたのでは、さまざまな問題を引き起こす恐れがあります。

そもそも否定的な感情が生じるのは、相手の言動を「受け入れがたい！」と判断した結果ですから、こちらは冷静ではいられなくなります。否定的な感情を引き起こした当の相手に、こちらの思いを冷静に伝えることは至難の業です。

そのため、私たちは否定的な感情に関しては、多くの場合、何も言わないという無反応パターンをとります。

たとえば、職場で、自分なりに努力して頑張っているつもりなのに、職場の口うるさい先輩が、あなたの仕事のやり方についていちいち文句を言い、口の利き方やあいさつの仕方にまで口を出してきたら、どうしますか。

その先輩の言動に対して「うるさいな」とか「大きなお世話だ」などと腹立たしく思っていても、何も言わず黙っているのではないでしょうか。じっと耐えて、できるだけその相手の存在を無視したり、何事もなかったかのように振る舞ったりするのではないでしょうか。

この無反応パターンは、人と争うことを避けるという対人目標を手に入れることができます。しかし、自分の思いを表明しないのですから、あなたの思いは相手に伝わりません。それどころか無反応は、あなたが相手の言動を容認しているという誤解を生みます。

また、無反応は、「黙り込んで反抗している」という誤解を生むこともあります。「容認している」という誤解、「反抗している」という誤解、いずれにしても無反応パターンは、あなたに否定的な感情を引き起こしている相手の言動に変化を起こしません。場合によっては、相手の言動をさらに増長させます。

●攻撃反応は関係を壊すだけ

無反応パターンの対極にあるのが、攻撃反応パターンです。不平、不満、嫉妬、怒りなどの否定的な感情を引き起こした相手に、こちらの思いをそのままぶつける反応パターンです。

たとえば、積もり積もった不平や不満を一気に吐き出すように相手に伝えたり、耐えてきた怒りの思いを相手に投げつけたり。先の、口うるさい先輩の例で言えば、「うるさい！」とか「大きなお世話です」などと先輩に怒鳴り返したり、先輩の目の前で机を乱暴に叩いたりする反応です。また、攻撃的な文面のメールやSNSを発信することも、これに含まれるでしょう。細かなニュアンスが伝わりにくいこうしたメディアでは、相手にダイレクトに不快な感情を与える傾向があります。

これらの反応は、相手から「キレた」と言われたり、まわりの人たちから「キレやすい人」と評されたりします。

攻撃反応パターンは、相手をやっつけたいという思いが背後にあるので、どうしても無礼で乱暴な言い方になります。また、自分の攻撃的な言い方を正当化するために、「先輩なら～して当然だ」「上司は～するべきだ」「男なら～するべきだ」「女は～するべきではない」などと教条的な表現を伴うことが多々あります。

相手から「キレた」などと言われるのを避けつつ、相手を攻撃する反応もあります。

間接攻撃反応パターンです。

この反応パターンは、相手に皮肉を言ったり、遠回しに怒りをぶつけたり、あるいは、言葉では何も言わず、態度や行動で攻撃性を示す反応です。

たとえば、口うるさい先輩の例で言えば、文句を言われたときに口答えはしないものの、露骨に不機嫌は顔をしたり舌打ちをしたり、別の機会に、「先輩ならマナー検定一級にイッパツで合格ですね」など皮肉を言ったりする反応です。陰で悪口を言う、悪い噂をメールやSNSで流すなどというのもこの反応パターンに含まれます。

間接攻撃反応パターンは、相手からの反発を避けつつ、自分の思いを伝えているように見えますが、その伝え方は間接的ですから、相手にこちらの思いが伝わることもありますが、伝わらないこともあります。誤って伝わることもあります。また、間接攻撃反応をみているまわりの人たちに、こちらの思いが伝わって同情されるかもしれませんが、間接的に攻撃するやり方、とくに陰口や悪い噂を意図的に流すなどは、まわりの人たちからの信用を失うかもしれません。

相手との関係に、地位や年齢の上下の差があって、こちらが〝上〟の場合、たとえば、こちらが上司だったり先輩だったり親だったりする場合には、〝下〟の人に対する「説教」、「人格評価」、「命令」「脅迫」などをすることがありますが、これらも攻撃反応パターンに含まれます。

たとえば、職場の上司が、報告書の提出期限に遅れた部下に向かって「約束の時間を守れないようじゃ、社会人とは言えないでしょう」（説教）、「あなたは、いい加減なことが平気でできる人だね」（人格評価）、「二度と締め切りに遅れることがないようにしなさい」（命令）、「約束が守れないようなら勤務評定にひびくよ」（脅迫）などと言う場合です。このような種類の言葉は、必ずしも感情的に発せられるわけではなく、攻撃反応とは違って聞こえますが、これらの言葉を聞かされる側に、もたらす効果は攻撃反応と同じです。

直接的で感情的な攻撃反応も、感情的ではないように聞こえる攻撃反応も、地位の〝上〟の者が〝下〟の者に、権力や権威を背景にして一方的に押しつけたり圧力をかけたりしたと、相手から思われると「パワハラだ」と言われます。

攻撃反応パターンは、否定的な感情を相手に伝えますが、なぜこちらが否定的な感情を持つに至ったのかは相手に伝わりません。また、今後どうしたいのかも伝わりません。伝わらないだけでなく、攻撃反応パターンで否定的な感情をぶつけられた相手は、屈辱感や傷つけられたという思いを抱き、怒りを覚えます。攻撃反応パターンは、相手の否定的な感情を誘発し、相手との関係を悪化させたり、壊したりします。

●自分の思いを伝えようと自分に言う

無反応パターンも攻撃反応パターンも、こちらの思いを上手に伝えているとは言えません。それなのに、多くの人がこれらの反応パターンを実行します。あるいは、つい実行してしまいます。私たちは成長する過程のどこかでこれらを見聞きして、いつの間にか身につけて、これらの反応を実行しています。無反応パターンも攻撃反応パターンも、いつか、どこかで〝学習〟したものですが、学習したという感覚はないまま実行しています。

それに対して、これから説明する「直接、自分の思いを口にするけれども、相手を攻撃しない伝え方」は、意志的に学習しないと自然には身につきにくい反応パターンです。この反応パターンは、「アサーション」と呼ばれています。

アサーションを実行するためには、あなたはまず「自分の思いを伝えよう」と自分に言いきかせるところから始めます。アサーションは、これまで学習してこなかった反応パターンですから、実行することを自分に促す必要があるのです。

あなたが実行すべきことを自分に言いきかせる方法は、この本の「秘訣その三」で述べた、自己会話が有効です。

あなたが、ある対人場面で無反応パターンを取りそうになったら、「自分の思いを伝えよう」と頭の中で自分に言いきかせます。短く「伝えよう」でも、「黙っていたらダメだ」というセリフでもかまいません。言うべきセリフをあらかじめ決めておいて、頭の中ですぐに言えるようにしておき、自らを励まします。

はじめから完璧を狙う必要はありません。だれも完璧にできる人はいません。「伝えなければならない」とか「伝えるべき」と考える必要もありません。「自分の思いを伝えられたらいいな」とか「ほかの人が少しでも分かってくれたらいいな」などと気軽に構えましょう。

相手の言動が、喜びや満足、感謝、感動などの肯定的な感情をもたらしてくれたときは、その気持ちを積極的に伝えましょう。肯定的な感情は、相手との関係で問題を引き起こすことは少ないので、素直に伝えれば良いのです。肯定的な感情を積極的に伝えることを繰り返して、自分の思いをほかの人に伝えることに慣れておきます。

そのうえで、ほかの人が、あなたにとって受け入れがたい言動をしたときには、自己会話を実行して「自分の思いを伝えよう」と自分に言い聞かせつつ、引き起こされた否定的な感情を、上手に伝えることを試みます。

否定的な感情を上手に伝えるためには、このあとのページでお奨めすることを実行してください。

あなたが、ほかの人からの言動によって攻撃反応パターンを取りそうになったら、ここでも自己会話を使います。「落ちつけ」「攻めるな」などと、あらかじめ用意しておいたセリフを頭の中で言います。

とくに怒りを感じたなら、すぐに口を閉じて、頭の中で「いーち」と言います。そのあと、数字を「にーい」「さーん」と、ゆっくり十まで数えます。さらに「落ちつけ」「深呼吸しろ」などのセリフを頭の中で繰り返します。「深呼吸しろ」と頭の中で言いながら実際に深呼吸をすれば、さらに効果があります。深呼吸をしながら呼吸の回数を十まで数えることができれば、怒りは静まり始め、気持ちがだんだん落ち着いてきます。怒りの抑え方については、さらに詳しく「秘訣その六」で述べます。

自己会話には、浮かび上がってくる否定的な考えや不安や緊張、興奮や怒りを静める鎮静効果があります。また、「ゆっくり話せ」「相手の目を見ろ」などと、自分がどのように振る舞ったらいいかを自分に指示することで、自分の動きをコントロールするコーチ効果もあります。

鎮静効果、コーチ効果、いずれの効果を狙うにしても、頭の中で言うセリフは、自分なりにあらかじめ決めておき、使うべきときにすぐに使えるようにしておくことが肝要です。

なお、アメリカ人を対象にした自己会話に関する研究では、「私はできる」と自分に言うよりも、「あなたはできる」と、ほかの人から言われているような言い方で自分に言った方が、やる気が出るという実験結果が出ています（＊1）。

日本語は、主語を言わなくても自己会話が可能ですが、「あなたはできる」型を参考にして、あえて「あなた」という主語を付けて、たとえば「あなたなら思いを伝えられる」などというセリフを用意しておくこともできます。さらに、人から呼ばれる自分のニックネームを使って、または、自分自身にニックネームを付けて、たとえば「アイちゃん、落ち着いて」「トモ君ならできる」「ケンさん、相手の目を見ろ」などというセリフを決めておくこともできます。

●私メッセージを発してみる

この章で、攻撃反応パターンの説明で例示した具体的な言葉を列挙すると、「うるさい！」「大きなお世話です」「先輩なら〜して当然だ」、「先輩ならマナー検定一級にイッパツで合格ですね」、「約束の時間を守れないようじゃ、社会人とは言えないでしょう」、「あなたは、いい加減なことが平気でできる人だね」、「二度と締め切りに遅れることがないようにしなさい」、「約束が守れないようなら勤務評定にひびくよ」などでした。これら攻撃反応パターンでの言い方には、ひとつの共通した特徴があります。それが何であるか分かるでしょうか？

攻撃反応パターンでの言い方は共通して、主語が「あなた」になっています。日本語の話法は、いちいち主語を明示しませんが、右の具体例に主語を補ってみてください。「（あなたは）うるさい！」「（あなたは）大きなお世話です」「（あなたは）先輩なら〜して当然だ」、「先輩（あなた）ならマナー検定一級にイッパツで合格ですね」、「約束の時間を守れないようじゃ、（あなたは）社会人とは言えないでしょう」、「（あなたは）二度と締め切りに遅れることがないようにしなさい」、「（あなたは）約束が守れないようなら勤務評定にひびくよ」となります。

攻撃反応パターンでの言い方は、主語が「あなた」で始まる言い方であり、相手のことに焦点を当てた断定的な表現になっているのです。そこでは、トマス・ゴードンは、これらの言い方のことを「あなた（You）メッセージ」と名付けました（＊2）。

あなたメッセージは、主語が、相手や相手の行為ですから、問題の原因は「相手にある」と主張しているメッセージです。そのため、あなたメッセージの受け手は、「責められている」「非難されている」、あるいは、「自分の責任を棚上げにして人を責めている」などと感じて、反発したり、メッセージを発した人を否定的に評価したりします。

あなたメッセージは、攻撃反応パターンでの言い方ですから、すでに述べたように、こちらの思いを相手に伝えないばかりか、誤って伝えてしまいます。

そこで、あなたメッセージに代わるものとして、ゴードンは、「私《わたし》（I）メッセージ」を提唱しています。私メッセージとは、主語が「私」あるいは「私の行為」である言い方であり、話し手自身の考えや感情を表明する話法です。

私メッセージは、文頭に単純に「私は」を付ければできあがるという言い方ではありません。ゴードンは、次の3つの要素を入れて、私メッセージを作ることを提唱しています。

第一は、相手のとった言動が問題を引き起こしていることを明確に指摘する要素。

第二は、相手の言動によって、こちらにどのような影響が生じているかを具体的に述べる要素。

第三は、その影響について、こちらはどのように思っているか感じているかを具体的に述べる要素です。

これまでに挙げてきた、職場の口うるさい先輩の例で、ゴードンが提唱する3つの要素を含めて、私メッセージを発するとすれば、「先輩が私のやり方について、いちいち言ってくださることが（第一の要素）、かえって私の仕事に差し障り（第二の要素）、私はうるさいなと思っています」となります。

この具体例からも分かるように、ゴードンが提唱する三要素で、私メッセージを作ると、確かに、相手の言動を客観的に述べて、こちらの思いを素直に伝える表現になります。しかし、「和を以て貴しとなす」が基調の日本の文化の中では、三要素を機械的に当てはめた表現は、相手に対して強い表現になり、現実には口にできそうもありません。

そこでお奨めするのは、日本文化の中でも口にできる、次のようなマイルドな私メッセージです。

第一のポイントは、ゴードンが提唱する第一の要素は省略することです。第一の要素は、相手の言動への言及ですから、どうしても、あなたメッセージになりがちです。日本語のコミュニケーションは、高文脈文化に分類されるコミュニケーションです（＊3）。つまり、日本語でのコミュニケーションは、すべての情報を込めた言葉を発せず、言葉が発せられる状況や相手との関係、あるいはその場の雰囲気などの文脈に依存したやりとりで成り立っています。ですから、第一の要素は、あえて口にせず、話の流れの前後から相手に推測してもらいます。

第二のポイントは、自分の内側に湧き上がった最初の思いを把握して、それを素直に伝えようとすることです。自分の内側に湧き上がった「最初の思い」は、うっかりすると把握できません。

職場の口うるさい先輩の例で説明すると、先輩から、いちいち口うるさいことを言われて「うるさい！」と思ったとしても、これが、湧き上がった「最初の思い」ではありません。「うるさい！」と思う前に、「自分なりに努力して頑張っているつもりだ」という思いがあるからこそ、先輩の言動に腹が立つのです。「最初の思い」は、「自分なりにです。

努力して頑張っている」であって、「うるさい！」は二次的に湧き上がった怒りの感情

私メッセージは、最初の思いをできるだけ素直に伝えようとする話法ですので、この例では「私は自分なりに努力して頑張っているつもりです」という言い方になります。この言い方の主語は「私」ですから、自分自身のことを相手に伝えています。「うるさい！」のように相手のことについて言っていません。

第三のポイントは、できるだけ感情語を入れることです。自分の感情を口にすることに抵抗のある人もいるでしょうが、感情語を入れると、こちらが発している言葉は、相手を責めるためのものではなく、自分の思いを伝えているのだという意思が伝わりやすくなります。

また、感情語を加えると、あなたメッセージが、私メッセージに変化します。たとえば、「（あなたは）二度と締め切りに遅れることがないようにしなさい」が、「（私は）あなたが締め切りに遅れるんじゃないかと心配です」や「（私は）あなたが締め切りを守ってくれたらうれしいです」などに変わります。

重要なことは、あなたメッセージで伝えようとした内容が、多くの場合、私メッセー

ジでも伝えられるということです。

私メッセージは、自分の思いを素直に伝えますが、あなたメッセージのように、相手に対する批判や非難が前面に出ません。私メッセージには、相手の反発心を抑える効果があります。

なぜなら、私メッセージは、「私」と「あなた」とは別の人間であり、「私」が「あなた」について感じたり考えたりしたことは、あくまで「私」の感じ方であり、それを伝えているのであって、必ずしも「あなた」を非難することが目的ではないという意思が伝わりやすいからです。他方、私メッセージの受け手は、話し手の内側に起こっている思いや感情を知ることになりますので、「責められている」という思いや反発心が弱まります。

私メッセージは、すぐに使えるようにはなりません。

私メッセージは、主語を明示する英語を背景に、意思の伝達はできるだけストレートであることを良しとするアメリカ文化の中で生まれたものです。

これに対して、日本語では常に主語を明示するとは限りませんし、すでに述べたように、日本語でのコミュニケーションは、行為の主体が誰であるかは白明のものとして、あるいは、あえて曖昧にしておいて、文脈に依存して会話を進めます。このような言語文化の中で、私メッセージを使えるようになるには、意志的な学習が必要です。

まずは、使おうと決意し、これまでの言い方が、あなたメッセージの多い言葉遣いであったことに気づいてください。

そのうえで、あなたメッセージを、私メッセージに変える練習を頭の中で繰り返してください。そのあと私メッセージを実際に発する体験を重ねて、その効果を味わってください。

私メッセージを発したときの相手の様子を観察して、あなたメッセージを発していたときと比べてみてください。

私メッセージを使い始めてみると、自分の思いが、それまでよりも相手にうまく伝わっていることが実感できるはずです。相手の反応がそれまでとは違ってくるはずです。こちらの思いが少しでも的確に伝われば、お互いの誤解が減り、対人関係の問題がこじれるのを防いでくれます。また、相手は、こちらの思いを知って、こちらに親しみを覚えやすくなります。

●肯定的な言い方をする

自分の思いを伝えたいときに、私たちは、つい否定的な言い方をしてしまいます。たとえば上司は部下に「その書類を来週までに仕上げなければ、納期に間に合わないぞ」などと言ったりします。何気ないこの一言に「仕上げない」「間に合わない」と、二回も否定的な言葉「〜ない」が使われています。

私たちは子どもの頃から家庭や学校で、このような否定的な言い方にさらされてきました。「これを食べないと大きくなれないよ」、「早く起きないと学校に遅れる」、「勉強しないと進学できません」。その結果、私たちは否定的な言い方のほうが、相手を動かすことができると思い込み、人を動かしたいときには否定的なものの言い方をするものだと思い込んでいます。

確かに、否定的な言い方には人を動かす効果があり、説得効果を高める手法の一つとして、心理学の研究も行われています。否定的な言い方をして相手を説得する手法は、専門用語では「恐怖喚起コミュニケーション」や「脅威アピール」と言います。「恐怖」や「脅威」と言うと、強く怯えさせる手法に聞こえますが、たとえば、「野菜を食べないとビタミン不足になるから、もっと野菜を食べよう」という程度のものも含まれます。

では、なぜ否定的な言い方は、相手を動かすことができるのでしょうか。

否定的な言い方は、相手を脅して不安にして、「その不安から逃れたければ私の言うとおりにしなさい」という暗黙のメッセージを伝えることができるからです。

たとえば以前の私は、学生たちに向かって「レポートを書かなければ単位は出しません」と言っていました。この言い方は、「単位を出さない」と言って学生達を脅して不安にさせておいて、「それがいやならレポートを書きなさい」と暗に命令しているのです。

営業活動で使われている話法も、顧客に不安を与えて、その不安から逃れる手段として商品やサービスを買ってもらおうとする話法です。

「今お乗りの車では燃費が悪いですから、ガソリン代が大変ですよ」、「シロアリがお宅の床下にいると、ほら、この写真の家のようになってしまいます」、「これからの日本経済はどうなるかわかりません。あなたの資産は今のままでは目減りするばかりです」。

これらの言葉は、私が営業の人から実際に言われたものです（＊4）。

否定的な言い方をすると、相手が動くという結果が出ますから、あなたの思いが通じたように見えます。

しかし、相手が動くのは必ずしも、あなたの思いを理解したからではありません。相手は、不安から逃れるために動いたのです。そのため不安がなくなれば、相手は動かなくなります。

アサーションの観点からすると、あなたの思いを伝えた上で、相手を自発的に動かすには、肯定的な言い方、厳密に言えば、「肯定的な結果」を示す言い方がお奨めです。

実は多くの場合、こちらの思いは、否定的な言い方をしなくても、肯定的に言うことができるのです。

たとえば、上司は部下に「その書類を来週までに仕上げなければ、納期に間に合わないぞ」と否定的に言わなくても、「その書類を来週までに仕上げれば、納期に間に合うぞ」と、肯定的に言えます。私たちが家庭や学校で耳にした否定的な言い方も、「これを食べれば大きくなれるよ」、「早く起きれば学校に間に合う」、「勉強すれば進学できる」と、肯定的な結果を言うことができます。

最近の私は、学生たちに向かって「レポートを提出すれば単位を出します」と、肯定的な言い方を心がけています。

肯定的な言い方と否定的な言い方が、まったく同じ思いを伝えているとは限りません。また、「肯定的な結果」を示す言い方は、否定的に言ったときよりも相手を動かす力が弱いかもしれません。しかし、肯定的な結果を示す言い方は、「納期に間に合う」「大きくなれる」「進学できる」などと、未来への見通しを示しますから、相手に希望を与えることができます。相手は、不安から逃れるためではなく、希望を持って、やる気を起こします。肯定的な結果を示す言い方は、相手を、希望の力で自発的に動かすことができるのです。

否定的な自分の思いを、疑問文の形で相手にぶつける話法があります。

たとえば、デートにいつも遅刻してくる相手に不満な思いを抱いて、「どうしてあなたはいつも遅刻するの？」と言うような場合です。否定的な思いを疑問文で伝えると、相手は「きょうも残業させられてしまって……」などと、否定的な出来事を引き起こしてしまった理由や言い訳を考えます。このような理由や言い訳は、過去のことです。

これに対して肯定的な結果を示す言い方の疑問文、たとえば「どうしたら間に合うようになると思う？」と言えば、相手は、間に合わせるための条件を考え始めます。このとき相手が考えることは、未来のことです。このように肯定的な結果を示す言い方は、相手の目を未来に向けさせるのです（＊5）。

さて、ここまでは肯定的な「結果」を示す言い方を奨めてきましたが、肯定的な「感情」を言うこともお奨めします。

私たちが自分の思いをほかの人に伝えたいときは、不平や不満、怒りなどの否定的な感情が出発点になることが多いものです。「自分の中にわき起こっている、この否定的な感情を誰かに聞いてほしい」と思って話し始めますから、当然のことながら話の中身が否定的になり、そこで口にする感情語も否定的なものになります。

「あの人は、また私のやり方にケチをつけてきたんだ。あの人は自分の考えが絶対に正しいと思い込んでいるから困っちゃうよね。あの口の利き方は、ほんと腹が立つ！」

このような否定的な内容と否定的な感情語が並ぶ話ばかりを聞かされる側に立つと、「この人の話は、いつも暗い」「この人の話は、もう聞きたくない」となってしまいます。

こうした評価を避けるために、日ごろは、同じ内容でも、できるだけ肯定的な内容になるように話しを組み立てて、肯定的な感情語を口にするようにしましょう。

「うれしい」「楽しい」「わくわくする」「幸せ」「感動した」「やったね」「いいね」などと、肯定的な感情語を口にすれば、これらの感情語を口にするあなたも、聞かされる側も、実際に肯定的な気分になってきます。

ふだん、肯定的な言葉を多用して話しておけば、ときどき否定的な話をしても、「この人の話はいつも暗い」と評価されることはありません。それどころか、いつもの肯定的な話との対比効果で、伝えたいと思っている否定的な思いが、相手に強く伝わります。

慣れないうちは、肯定的な結果、肯定的な感情、どちらを言う場合も、ことあるごとに「肯定的に言うには、何と言えばよいのだろうか?」と自問をして、肯定的な言い方を頭の中で試して、それから実際に口にしてください。これを繰り返しているうちに、肯定的に言うクセがついてきます。

やがてあなたは、肯定的な言い方をする人になります。

●からだを使って思いを伝える

「秘訣その二　聴き上手になる」の「からだで聴く」でも述べたように、私たちの思いは言葉だけではなく、表情や身ぶり手ぶりなどでも相手に伝わっています。

「秘訣その三」で述べたのは、意図的にからだを使って「聴きたい」という思いを伝える具体例でした。

　思いは、身ぶりや手ぶりで伝わっているのですから、これらを意図的に使って、あなたの思いを上手に伝えましょう。あなたの思いは、からだ全体を使って伝えることができます。たとえば、自分の思いをはっきり主張したいときの、からだの使い方は次のようになります。

　立っている場合は、相手に近づき、軽く腕を広げたくらいの距離を取ります。

　立ち位置は、お互いの緊張を高めないために、真正面ではなく、相手の斜め前に立ちます。身体は相手のほうに向け、姿勢は、リラックスしつつ軽い前傾姿勢をとります。

相手が座っている場合は、あなたの顔の高さが、相手の顔の高さと同じになることを基本にして、可能なら、こちらも座ります。

　手や腕は、話の内容とマッチさせて動かして、身ぶり手ぶりを交えて、話の内容や感情を強めたり補ったりします。

　視線は、相手の目や顔から外して、上を見たり横を見たりしてもかまいませんが、話の切れ目では、相手の目を見て、話のひと区切りであることを伝えます。同時に、あなたの思いが伝わっているかどうかを、相手の表情や身ぶりから読みとります。

あなたの表情は、話の内容とマッチさせますが、表情を細かく変えると、嘘を言っていると思われたり、不安がっていると思われたりします。

声の大きさは、対面場面であれば、あなたの感情を冷静に保つためにも、相手を感情的にしないためにも、ふだんよりも小さめにして、落ち着いた声を出すように心がけます。

話し方は、必ずしも流暢に話す必要はなく、むしろ間《ま》を取りながら話した方が説得的な印象を与えます。途切れ途切れの言い方でもかまいませんが、最後まで言い切ることが大切です。「すべて言わなくても分かるでしょう」という前提には立たず、あなたの考えていることを明言することが大切です。

ただし、これらのからだの使い方は、あくまで一般論です。どのようにからだを使うと、思いを効果的に伝えられるかどうかは一義的には決まっていません。伝えたい思いの内容次第で変わります。

たとえば、相手に近づいて話すことが常に良いのではなく、相手と「距離を置きたい」という思いを伝えたいのであれば、物理的に相手から遠ざかったほうが、思いが伝わるかもしれません。表情も、一般には話の内容や感情とマッチさせて思いを伝えますが、場合によっては、能面のように感情を押し殺した表情のほうが、かえってこちらの感情が伝わるかもしれません。

大切なことは、まず、からだの各部分が、あなたの思いを相手に伝えていること、そして、からだの各部分が、意図しないままに、あるいは意図とは反対方向に、あなたの思いを伝えることがあることを認識しましょう。とくに、口にしている内容と、表情や身ぶり手ぶりが伝えるメッセージがズレていると、あなたの意図とは違った解釈をされる、つまり誤解される可能性が増します。

たとえば口では「これは、いいね」と言いながら表情が硬かったり、机の上を指先でこつこつ叩いたり、貧乏揺すりをしたりしていると、口で伝えた内容は打ち消され、からだで示したメッセージのほうが、本心であると受けとめられます。「秘訣その三」で述べたように、言葉とからだが発するメッセージが一致していないと、相手は、からだが発したメッセージの方が本心だと思います。

このようなことを認識した上で、あなたのからだの各部分を意図的に使いましょう。とくにコントロールすることを忘れてしまいがちな手足の動き、視線、音声などを意図的に使って、自分の思いを上手に伝えましょう。

そのために、「秘訣その二」の「相手の視点から世界を見るには」を読み直してください。相手の視点からあなた自身を見れば、からだの各部分を使うことに意識的になれます。

●タイミングを計る

アサーションの観点から、あなたの思いを相手に伝えることをお奨めしていますが、いつでも、どこでも、すぐに伝えるかどうかは、立ち止まって考える必要があります。

実行の前に、あなたの思いを相手に伝える価値や意義があるかどうか、自問してみましょう。あなたの思いを知った相手が、理解してくれたり、願いをかなえてくれたり、行動を変えたりしてくれる可能性があるかどうかも考えてみましょう。自問の結果、自分の思いを伝えずに黙っているというのも選択肢の一つです。

思いを伝える価値や意義があると判断した場合でも、それが「今、ここで」なのかも考える必要があります。あなたの思いを相手に受け容れてもらうためには、いつ言うか、そのタイミングが大切です。

たとえば、同じ頼み事でも、タイミングが悪ければ、相手は怒りを感じて反発したり、脅威を感じて防衛的になったりします。相手の置かれている状況や立場を考慮に入れて、時機を待つことも必要です。場合によっては、あなたの感情状態がコントロールできるまで待つことや、相手の興奮状態が収まるまで待つことも必要です。

とくに、賛同が得られそうもないと分かっている意見や、ほかの人と違った意見を表明する場合や、相手からの不合理だと思う要求を断る場合、大きな年齢差がある者に命令や指示を出す場合（年下の者が年上の者に向かう場合も、その逆の場合も）、男性が男性に向かって態度の変更を迫る場合などには、タイミングを計ることが重要になります。

このタイミングの中には、その場に、ほかの人が居るか居ないか、みんなの前で言うか一対一で言うか、といったことも含まれます。

あなたの思いを聞かされる側は、その場に居るほかの人の目（評価）の影響を受けます。ほかの人がいなければ、素直にあなたの思いを受けとめることができても、ほかの人の前では、違った反応をするかもしれません。あなたの思いを聞かされる側の自尊心の保持に配慮しなければなりません。

なお、あなたが自分の思いを伝えたあとは、すぐに聴き手になりましょう。あなたの思いを聞かされた相手が、肯定的な反応を示してくれるとは限りません。腹を立てたり、反発したり、防衛的になったりすることもあります。いずれにしても、あなたの思いを受け取った相手は何かを言います。

相手が何かを話し始めたら、「秘訣その三」で述べたことを実行して、相手の話に耳を傾けましょう。自分の思いを伝えたあとは、すぐに相手の思いを受けとめる態勢に切り替える。この切り替えが大切です。

◆注

＊1

・Dolcos, S., & Albarracin, D.（2014）. The inner speech of behavioral regulation: Intentions and task performance strengthen when you talk to yourself as a You. *European Journal of Social Psychology*, **44**, 636–642.（Published online 23 June 2014 in Wiley Online Library（wileyonlinelibrary. com）DOI: 10.1002/

ejsp.2048)

＊2　トマス・ゴードンの翻訳書は、以下のものが有名です。
・トマス・ゴードン（著）、近藤千恵（訳）（一九九八）『親業―子どもの考える力をのばす親子関係の作り方―』（大和書房）
・トマス・ゴードン（著）、奥沢良雄・市川千明・近藤千枝（訳）（一九八五）『教師学―効果的な教師＝生徒関係の確立―』（小学館）

＊3　文化人類学者のエドワード・ホールは、世界の言語コミュニケーションの型を、高文脈文化と低文脈文化に分類しました。日本語は、高文脈文化に分類されます。英語やドイツ語は、低文脈文化に分類されます。低文脈文化のコミュニケーションでは、言葉にした内容が情報としての意味を持ち、言葉にしていない内容は伝わらないと考えられます。
・エドワード・T・ホール（著）、岩田慶治・谷　泰（訳）（一九九三）『文化を超えて』（阪急コミュニケーションズ）

＊4　私は、この本の全体の記述が「恐怖喚起コミュニケーション」（脅威アピール）にならないよう、否定的な言い方を避けたいと思っています。しかし、説得力を強めたくて、この本のあちらこちらで

「恐怖喚起コミュニケーション」になっている部分があります。それが、どの部分であるか見つけ出してみてください。

＊5　この本の「秘訣その四　助けを求めて絆を強める」で、頼み事をするときには、頼み事をかなえてもらったあとの肯定的な結果に言及すると良いと書きました。頼み事をかなえてもらったあとの自分の肯定的な感情に言及することもお奨めしました。肯定的な結果や、肯定的な感情への言及は、助ける側に、肯定的な結果を生み出す機会に参与できることを知らせる働きがあり、「助けてあげよう」という気持ちを高める効果があると書きました。この効果も、肯定的な言い方が未来志向であることを示しています。

なお、このあとの「秘訣その七　まずは与える」でも、肯定的な結果や、肯定的な感情への言及について触れます。

第6章

秘訣その六　柔らかく自分を守る

●非難や批判や苦情には〝対処〟する

感情労働《かんじょうろうどう》という言葉があります。私たちが働く上で、とくに肉体を使っていれば肉体労働、とくに頭脳を使っていれば頭脳労働、そして、とくに感情を使っていれば感情労働をしていることになります。

感情労働は、仕事を進める上で、私たち自身の感情を管理することが求められる仕事の形態のことです。ほかの人と直接、対面して仕事をする対人サービス業、たとえば福祉の現場などが典型的な感情労働とされていますが、ほとんどの仕事が程度の差こそあれ、感情労働を含んでいます。

情動知能《じょうどうちのう》という言葉があります。感情の中でも怒りのように強い感情のことを心理学では「情動」と呼んでいます。情動知能は、一般にはEQと言っています（＊1）。EQとは、情動をうまくコントロールできることは知能の一部であるという考え方です。

感情労働者には、高いEQが必要であり、一定の演技力が求められます。仕事を進めるために、自分が抱いている感情をおさえて、対外的には、自分の感情とは別の感情を抱いているかのような感情の表し方を、演技しなければなりません（＊2）。

感情労働者がとくに演技力を求められるのは、ほかの人から（仕事の場面であれば典型的には顧客から）、面と向かって非難や批判を浴びせられたり苦情を言われたりしたときです。

自分や、自分が属している組織を守るために、本当は腹が立っていても、神妙な表情で謝ったり言い訳をしたり、もっともらしい原因や理由を笑顔で言ったりしなければなりません。

このような演技を仕事上、連日続けていると、心のバランスを崩してしまう人もいます。そのため誰もが、ほかの人からの非難や批判や苦情は避けたいと思います。

しかし、ほかの人からの非難や批判や苦情、あるいはほかの人とのぶつかり合いや、人づきあいの秘訣その六「柔らかく自分を守る」

いがみ合いは、避けようがないと考えること。これが、人づきあいの秘訣その六「柔らかく自分を守る」の第一歩です。

人は、それぞれ個性を持っています。物事の感じ方やとらえ方、考え方や行動の仕方は、どれをとってもお互いに違っています。違っている者同士が出会って、各自の欲求を満たそうとして、または自分の利益を得ようとして、仕事をしたり生活したりしているのですから、そこに対立や争いが起こり、不満や不平や怒りの感情がわき起こり、それが非難や批判や苦情となるのは当然のことです。

当然のことなのに、人づきあいのトラブルを避けることばかりに精力を注ぐと、結局は避けきれず、避けきれない自分に無力を感じ、人づきあいそのものを避けて、引きこもったりするしかなくなります。

それよりも、人づきあいのトラブルは避けようがないものとして、いったん受け入れましょう。

ほかの人の不満や不平や怒りを減らすことはできても、誰も、それらをゼロにすることはできません。ほかの人からの非難や批判や苦情があっても、そのことを必要以上に深刻に捉えたり、自分を否定したりする必要はありません。

それよりも、ほかの人の非難や批判や苦情に「上手に対処しよう」と思いましょう。上手に対処できれば、非難や批判や苦情を受けても、必要以上に落ち込むこともなくなり、相手を実際以上に否定的に評価することもなくなり、信頼関係や人間関係を維持し、発展させることができます。その対処法について以下に述べます。

●非難や批判や苦情は期待の表明

非難とは、相手から、こちらの欠点や過失を責められたり、とがめられたりすることです。批判とは、相手から、こちらのやり方や意見や能力、価値を否定的に評価され、正すべきだと言われることです。苦情とは、相手から、こちらに対する不平や不満や怒りの気持ちを言われることです。

これら3つは、厳密には違うものですが、共通点があります。いずれも、こちらに対する否定的な内容を含んでいるということです。

これは、すぐに分かりますが、ほかにも共通点があります。

非難や批判や苦情は、何もないところからいきなり生じたものではなく、こちらに、何らかの対応や反応があったことに対する反応である点で共通しています。時間的には、最初に、こちらの対応や反応があり、次いで、こちらの対応や反応の受け手である相手が、それらを否定的に受けとめて、意見や評価をこちらに伝えているのです。

こちらの反応に対する相手からの反応ですから、一種のフィードバックです。つまり、非難、批判、苦情の共通点は、聞かされる側にとって聞きたくない否定的な内容のフィードバックだということです(＊3)。

では、なぜ、相手は、こちらの対応や反応を、否定的に受けとめて、それをこちらに返してくるのでしょうか?

答えは、「相手が、あなたに期待をしているから」です。

私たちは、ほかの人に期待します。親は我が子に期待し、子どもは親に、自分のことを見て、認めてくれるように期待します。上司は部下に、部下としてのふるまいを期待し、部下は上司に、上司としてのふるまいを期待します。顧客は、自分が受けるサービスに対して一定の期待をします。

期待をしたのに、それが叶えられなかったときに、私たちは、非難や批判や苦情を口にするのです。非難や批判や苦情の源《みなもと》は、期待です。

その期待が大きいほど、期待が裏切られたときには強く落胆し、不平や不満や怒りも強くなり、非難や批判や苦情のトーンも強くなります。非難や批判や苦情の強さは、あなたに対する相手の期待の大きさに比例しているのです。

このように考えれば、非難や批判や苦情は、相手の期待や価値観が込められた貴重な情報だと言えます。また、非難や批判や苦情を言う人は、単にわがままだったり身勝手だったりするのではなく、こちらに対して期待を抱いていた人であり、こちらに期待をまだ抱き続けていて、こちらとの関係を切っていない人だと考えることもできます。こちらに対して全く期待をしなくなったら、相手は何も言わなくなりますから。

そこで、もし、あなたが非難や批判や苦情を言われたら、それらを口にしている相手との関係改善のチャンスがやって来たと考えましょう。あなたに対する相手の期待を聴き出す情報収集の好機がやって来たのです。

非難や批判や苦情を受けたことをきっかけに、相手との関係の新たな第一歩を踏み出すのです。

●自分の怒りに負けない

あなたに対する相手の期待を知るには、非難や批判や苦情に耳を傾けて、その中から情報を拾い出すしかありません。

相手の話は、あなたにとって耳が痛い内容ですから、非難や批判や苦情に耳を傾けるのは、つらい作業です。この本の「秘訣その三　聴き上手になる」で述べた聴くスキルを、実際に実行できるか試される試練の場です。

非難や批判や苦情を言う相手の話に耳を傾けていると、不快感が増し、反発心が湧き起こり、だんだん腹がたってくることがあります。

非難や批判や苦情を言われて怒りを覚えること自体は当然の反応ですが、その怒りをそのまま相手にぶつけてはいけません。怒りの爆発、いわゆるキレると、相手との信頼関係に深刻な悪影響を与えます。

もし、あなたが所属組織の一員として外からの非難や批判や苦情に対応しているのならば、あなたの個人的な怒りの爆発が、組織全体の評価を悪化させます。ヘタをすれば取り返しのつかないことになります。

また、相手だけでなく、キレる様子を見ているほかの人も、あなたの評価を下げるかもしれません。

怒りの爆発は何としても抑えなければなりません。

怒りの爆発を抑えるためには、「秘訣その五」で軽く触れた、次の3つのことを実行しましょう。

第一に、口を閉じて頭の中で「いーち」と言います。

怒りは、口を衝《つ》いて出ます。口から出た怒りの言葉は、相手ばかりかあなた自身も興奮させ、怒りを増幅させます。怒りの言葉が口から飛び出ないように、怒りを感じたらすぐに口を固く閉じます。

口を閉じると同時に、頭の中で「いーち」と言います。そのあと数字を「にーい」「さーん」と、ゆっくり十まで数えましょう。

「十まで」に特別な意味はありません。アメリカで、怒りのコントロール法を普及させているある団体は、「六まで数えましょう」と言っています。六でも十でも構いません。数を数えることがポイントです。数を数えて意識をそらし、冷静な判断ができるよう時間稼ぎをするのです。

怒りのような強い感情、つまり情動は、人間の脳の中の大脳辺縁系《だいのうへんえんけい》と呼ばれている部分が反応して起こります。大脳辺縁系は、人類の進化の過程で古くから発達した部分で、呼吸や内臓などの自律的な生命活動にも関わっていて、からだが生き残るために機能しています。からだが生き残るためには、大脳辺縁系は時間的にできるだけ早く反応する必要があり、実際に素早く反応します。

これに対して、思考や言語などの高次の活動を司っているのは大脳皮質《だいのうひしつ》です。大脳皮質の反応は、大脳辺縁系に比べて遅いと言われています。つまり、怒りは大脳辺縁系で素早く生じるのに、その怒りを抑えるべき理性的な判断は、大脳皮質で、あとから生じるのです。

怒りと、怒りを抑えようとする理性的な判断の時間のズレ。これを埋めるために、怒りが生じたときに数を数えて、理性的な判断が働き出すまでの時間稼ぎをするというわけです。

第二に、自己会話をします。

怒りは、理性的な判断ができない状態を引き起こします。怒りに伴い、頭の中には相手のことを批判する言葉が渦巻きます。これを抑えるために自己会話をします。

頭の中で数を数えることも広い意味で自己会話ですが、さらに自己会話の鎮静効果を狙って、「落ち着け」などと、自分に言って聞かせて、頭に渦巻いている否定的な言葉や思いを抑え込みます。自己会話のコーチ効果を狙って「深呼吸しろ」と自分に指示を出すのも有効です。

自己会話を実行すれば、理性的な判断ができるまでの時間稼ぎもできます。鎮静効果、コーチ効果、いずれの効果を狙うにしても、怒りを覚えたときの自己会話のセリフは、あらかじめ決めておくことが肝心です。そうでないと「今ここで！」という時に使えません。

第三に、深呼吸をします。

怒りは、自律神経のうち交感神経系《こうかんしんけいけい》を興奮させて、呼吸の回数を増やして浅い呼吸に変えます。こうして、相手を攻撃するための状態をからだの中に作るのです。

これに対して、呼吸を意志的に深く規則的に行う深呼吸をすれば、副交感神経系《ふくこうかんしんけいけい》の活動が促されます。

副交感神経系は、交感神経と拮抗して作用し、心拍を低下させ、内臓の働きを活発にして、興奮を抑える働きをします。ですから深呼吸には、怒りの興奮を静める力があるのです。

以上の第一から第三までの3つを組み合わせて、口を閉じて頭の中で「いーち、落ち着け」「にー、落ち着け」などと言いながら、深呼吸の数を繰り返し数えると効果的です。

これらを実行すると、マインドフルネス（mindfulness）の状態になります。つまり、今現在、自分が行っている行動に注意を向けている心の状態になり、怒りそのものが消えなくても、怒りの爆発は抑えることができます。

なお、怒りの爆発は抑えられても、思い出すたびに怒りが再燃することがあります。くすぶり続ける怒りの思いは、相手の言動をゆるすことと関わります。ゆるすことについては、このあとの「秘訣その七　まずは与えよう」で取り上げます。

●相手の期待や要求を探る

怒りの爆発が抑えられれば、あとは、できるだけ理性的な対応を実行します。聴くスキルを実行して、非難や批判や苦情を口にする相手の話に耳を傾けます。

聴くスキルのうち、「反射」を適度に使って相手の話を引き出し、「開いた質問」と「閉じた質問」を上手に使い分けましょう。

相手の話の途中で反論したくなるでしょうが、そのときこそ、自己会話を使って「最後まで聴こう」「負けるが勝ち」などと自分に言い聞かせます。からだも使って「聴いている」というメッセージを与え続けます。

非難や批判や苦情を言う人の胸の内には、あなたに対する不平や不満や怒りが溜まっています。相手は、自分の不平や不満や怒りに正当性があるということを、あなたに聴いてほしいと思っています。聴くスキルを使って耳を傾けてあげれば、相手の否定的な感情は発散しやすくなります。相手の感情を解き放ってあげることができます。耳を傾けてあげるだけで、相手は気持ちが収まって、非難や批判や苦情のトーンが下がることもあります。

相手の非難や批判や苦情の前提には、既に述べたように、あなたに対する期待があり、満たされなかった要求があります。非難や批判や苦情は、不平や不満や怒りなどの「否定的な感情」と「満たされなかった要求」の2つが混じり合ってできあがっています。

そこで、聴くスキルを実行しながら、この2つを切り分けて、相手の満たされなかった要求が何であったか知る作業を、頭の中でする必要があります。

「この人は私に何を期待していたのだろう。何を要求しているのだろう」と考えながら話を聴いてください。

もし、相手の満たされなかった要求が分からなければ「私はどうすれば良かったのでしょうか」、「どうしてほしかったの？」などと相手に直接、質問してみることもできます。

非難や批判や苦情への対応の基本は、「聴く」と「訊く」だと言われています。話を聴いたあとは、分からない点は相手に訊いて、つまり尋ねてみましょう。尋ねれば、相手は、自分の言い分を、あなたが理解しようと努めていると思い、不平や不満や怒りの思いが減ります。

●理解したことを表明し謝罪の言葉を発する

相手の話が一段落したら、「なるほど、わかりました」、「私には確かにそういう面がありました」などと言って、相手の主張をいったん受け入れます。

相手の言い分が非合理的だったり偏った考えに基づいていたりして、あなたとしては受け入れ難い場合もあるでしょう。また、すぐにでも反論したい気持ちもあるでしょう。しかし、ひとことで良いので、「なるほど、おっしゃることは分かります」、「ご不満はもっともです」などという主旨のことを言います。

相手によっては、あるいは話の内容によっては、「はっきり言っていただいて良かったです」、あるいは「話してくれてありがとう」などと、話してくれたことに感謝する言葉を添えることもできます。

非難や批判や苦情を言われたのに、感謝の言葉を言うのは抵抗があるかもしれませんが、相手は、自分が不平や不満や怒りを感じたのは正当なことであることを、あなたに分かってほしいと思っています。ですから、相手の否定的な感情を理解したことを言い、さらに感謝の言葉を添えれば、相手は、自分の言い分が通じたと思い、その結果、不平や不満や怒りが弱まります。

相手の感情を理解した旨を伝えたら、次に、謝罪の言葉を口にします。

ここでの謝罪には2つの種類があります。一つは、相手に、不平や不満や怒りなどの否定的な感情を体験させたことへの謝罪です。

たとえ、あなたに反論の余地があっても、相手が不快な思いを抱いたのは事実ですから、そのことに対して謝罪の言葉を述べます。

「そのような不快な思いをさせてしまいまして、申し訳ございませんでした」や「ごめんなさい、吉田さんをそんな気持ちにさせてしまって」などという言葉が典型例です。この種の謝罪の言葉は、必ずしも、あなたの非や責任を認めたわけではありません。あくまで相手を不快な思いにさせたことに対する謝罪です。

これに対して、もう一つの謝罪は、あなたの言動に確かに非があった場合の謝罪です。相手の言い分を聴いて、相手の非難や批判や苦情は、「もっともなことだ」とか「確かに自分のやり方がまずかった」と思ったときに口にします。「ご迷惑をおかけしました」、「申し訳ございませんでした。確かに私のやり方が悪かったです」などと言いましょう。

これら2つの謝罪のうち、こちらに非があったときだけ謝罪をすれば良い、つまり第二の謝罪だけを実行すれば良いという考え方もあるもしれませんが、第一の謝罪も実行するようにしましょう。その理由は、私たち日本人が謝罪の文化の中に生きているからです。

私たちは、ほかの国の人に比べて、謝罪の言葉を頻繁に口にします。ほかの人に何かを頼むときに「すみません、ちょっと手伝ってくれませんか」と謝罪の言葉を口にしてから依頼の言葉を言います。ほかの人に何かをしてもらって感謝の意を伝えるときでさえ、「すみません」と謝罪の言葉を発します（＊4）。

米国では、謝罪は過誤の責任を認めたことを意味すると言われていますが、日本では、謝罪することは責任を認めたことを意味しません。むしろ、謝罪があってはじめて責任問題の話し合いが始まります。

不祥事を起こした企業の関係者が、謝罪の言葉を述べて深々と頭を下げる様子がマスコミ報道されますが、あの謝罪会見も、当事者が加害責任を認めたうえで行われているわけではありません。そのため謝罪会見では「遺憾」という曖昧な意味を含む言葉が好んで使われています。

このような謝罪文化の中で、相手は、あなたに非があると思っているからこそ非難や批判や苦情を口にしているのに、あなたが謝罪の言葉を一切発しなければ、相手は、謝らないこと自体を問題にして、あなたに対する非難や批判の気持ちを強めます。その結果、小さな単純な問題が、大きな複雑な問題に悪化したり、当初よりも大きな賠償を要求されたりします。

謝罪の言葉を口にすれば、相手の不平や不満や怒りを緩和させ、非難や批判や苦情の強さを弱めることができます。謝罪の言葉は、あなたに対する評価や印象が悪くなるのを防ぎます。場合によっては、あなたに対する印象が、好印象に転じることさえあります。いずれの場合も、謝罪の言葉は、非難や批判や苦情が生じた事態の悪化を防いでくれます（＊5）。

●言い訳はしない。するなら上手に

非難や批判や苦情を言っている相手に謝罪の言葉を口にすると、その流れで、言い訳をしたくなることがあります。

「すぐに返信しなくて申し訳ございませんでした。パソコンの調子が急におかしくなってしまいまして」などと言いたくなります。

しかし、非難や批判や苦情を言う相手には、言い訳はしない方が賢明です。

相手は、自分の不平や不満や怒りが、いかに正当なものであるかを訴えたがっているのですから、そのような相手に言い訳をすると、その言い訳がたとえ妥当なものであっても、相手は、自分の不平や不満や怒りが十分に伝わっていないと思い、自分の否定的な感情をさらに言い募ります。

また、言い訳は、相手にとって、あなたからの反論のように聞こえることがあります。いずれにしても、ヘタな言い訳は、火に油を注ぐことになります。

ただし、相手から「どうしてあなたは、あんなことをしたの?」、「なぜ、このようなことが起こってしまったのでしょうか?」などと、理由を尋ねられたときには、言い訳をしましょう。

言い訳は、相手やあなたにとって何かマズい結果が生じたときに、その「マズい結果」と「あなた」とが結びついていると思われる危険があるとき、あるいは「マズい結果」の原因が「あなた」にあると思われる危険があるときに実行されます。

そこで、言い訳を口にするときは、その「マズい結果」と、あなたの結びつきをできるだけ弱めることをめざして何かを言います。「マズい結果」と、「あなた」の結びつきを弱める言い方は、「マズい結果」を起こした原因が、あなたの「外側」にあると言うことです。

「マズい結果」が起こった原因は、あなたの「外側」にある原因と、あなたの「内側」にある原因に二分することができます。

たとえば、相手からメールで要件を告げられたのに、すぐに返信しなかったことを非難されたとします。このとき、パソコンの不調が原因ならば、あなたの「外側」にある原因です。意図的に返信をしなかったのであれば、あなたの「内側」にある原因と言えます。このように内側と外側に分けると、言い訳の基本形は、「マズい結果」の原因をなるべく「外側」のせいにすることです。

「外側」の原因としては、「予想外のできごと」(たとえば、幼いわが子が発熱した)、「突然のできごと」(たとえば、上司から緊急の仕事を頼まれた)、「自分がコントロールできないこと」(たとえば、バスが遅れた)などが該当します。

外側にある原因のせいにしにくく、あなたの内側のせいにしなければならないときも、あなたの本来の意志や意図で「マズい結果」を引き起こしたのではないことを伝えるために、「仕方なく」、「その場の雰囲気で」、「不本意ながら」、「そうせざるを得ず」などと言います。

さらに、「マズい結果」を限定する言い方もできます。たとえば期限までに仕事が終わらなかったという「マズい結果」に関して、「こんな事は滅多にないことで今回だけです」、「ほかの仕事は順調なのですが、この仕事だけが遅れてしまいまして……」などと言います。「マズい結果」が、常に起こるわけではなく、また、どの仕事でも起こる訳ではないことを言い、今回がレアケースであることを強調します。こうして、仕事の遅れは、あなたのせいではなく、今回の仕事のせいだと暗に言うのです。

言い訳が功を奏すれば、あなたが「マズい結果」の直接の原因だとは思われず、あなたの評価を維持できます。このように言い訳は、自分を守る姿勢が見え隠れするので、一般には見苦しいと思われていますが、言い訳は、自己利益のためだけに機能しているのではありません。言い訳を聞かされる側にとっても、重要な働きをしています。

たとえば、約束の時間に遅刻したあなたが、何も言い訳をしなかったとしたら、待たされた方はどうなるでしょうか。待たされていた間に募っていたイライラや怒りが溜まり、あなたに直接ぶつけるか、逆にグッと我慢するしかありません。あなたに直接ぶつければ、あなたとの関係の悪化を招くリスクが高まりますし、グッとガマンしながら、遅刻してきたあなたと関わるのは精神的につらいはずです。あるいは、言い訳をしないあなたを見て、「自分を嫌っているのではないか」と不安に駆られるかもしれません。

これに対して、あなたが「バスが遅れまして」などと言い訳を口にすれば、相手もその言い訳に乗って、「そういう理由なら仕方がない」「自分を嫌っていた訳ではないんだな」とイライラや怒りや不安などの感情を整理することができます。つまり言い訳は、言う方と言われる方の感情が、直接ぶつかり合う衝撃を和らげる緩衝材の働きをしているのです。

非難や批判や苦情を言っている相手に言い訳をしないのが基本ですが、もし、言い訳をするなら、相手が気持ちよく納得できるような、上手な言い訳をしましょう。

●要求にどう対応するか言う

非難や批判や苦情を言った人は、あなたがそのあと、どうするつもりなのかを知りたいと思っています。

聴くスキルを発揮して相手が何を要求しているかが分かり、もし、その要求に応えることができるのなら、そのことを相手に伝えましょう。その際、単なる口約束ではないことを示すために、いつ、どのように実行するのか具体的に伝えることが大切です。

約束の言葉は、少なくとも

［約束の表明］＋［実行の時（いつ）］＋［実行の方法（どのように）］

の3つの要素を入れたものになります。たとえば「来月からは、納品の前には必ずご一報します。メールか電話でお伝えします」などとなります。

他方、非難や批判や苦情を言う相手の要求に応えられない場合があります。

このようなときは、すでに述べたように、相手の言い分を理解したことを表明したうえで、謝罪の言葉を発し、そのあと、要求には応じられないことを明言します。明言することが大切です。明言しないと、同じ要求をいつまでも求められる恐れが生じるから

です。この時の言葉には、少なくとも

［謝罪の言葉］＋［要求に応じられないことの表明］＋［その理由］＋［代替案の提示］

の4つの要素を入れます。

ここでの「謝罪の言葉」は、要求に応えられないことに対する謝罪です。謝罪の言葉を前置きのように言ってから、要求に応じられないことを明言します。それに続けて、なぜ応じられないのか理由を述べます。

ただし、この理由は、あなたの立場や、相手との関係によっては、事実を言えない場合もあるでしょう。企業秘密だったり個人情報に触れることであったりすれば、事実を言えないことがあります。また、事実を言うことが相手をさらに傷つけてしまう恐れがあることもあります。

そのような場合は、必ずしも明確な理由である必要はありません。嘘を言うことは避けるべきですが、曖昧な言い方で理由らしく聞こえることを言いましょう。そのような言い方であっても理由らしきものを述べた方が、相手は納得しやすくなります。理由をつけずに要求に応じられないことだけを伝えると、相手は、あなたが単純に拒否していると思い、反発し、不平や不満や怒りの思いを強める恐れがあります。

理由を述べた後に、できるなら代替案を提示します。代替案は、「来月からは無理ですが、三ヶ月後からなら対応できます」、「全部を許可するわけにはいきませんが、一部なら許可することができます」、「私はダメですが、ほかの係りの者ならできるかもしれません」などと、本来の要求の一部は叶える案を提示します。

代替案が出せる場合は、その代替案を実行するかどうかの決定は、相手に委ねます。そのために、「～ならすることができます」などと代替案を示した後に「どういたしますか？」と、質問の形で相手に尋ねます。すると、相手の意識は、代替案の中身に向かい、もともと持っていた不平や不満や怒りの思いから離れます。

また、代替案の実行の決定を委ねられれば、あなたが提示した代替案であっても、相手は自ら決定したという思いが強まる分、非難や批判や苦情の元になっていた不平や不満や怒りの思いが弱まります。

断りの言葉の4つの要素を入れると、基本的には「すみません、Aをすることはできません。なぜならBだからです。ただしCならすることならできますが、どういたしますか？」というパターンになります。

4つの要素が入っていれば、要素の順番はどうであっても構いません。たとえば、要求に応じられない「理由」を先に述べるという言い方、「Bだから、すみません、Aをすることはできません。ただし、Cならすることならできますが、どういたしますか？」のパターンも、実際によく使われています。

なお、非難や批判や苦情を言った人は、あなたがそのあと、どうするつもりなのかを知りたいと思っていますので、その場での答え方について述べてきましたが、その場では答えない対応の仕方もあります。

「考えさせてください」、「あとでお答えします」などと言って、即答を避けて、答えを延期するやり方です。

答えを延期するやり方は、非難や批判や苦情を言った人の激した感情と、それらを聞かされて興奮したあなたの感情の両方の冷却期間を作ってくれます。

答えを延期するときには、相手の非難や批判や苦情をしっかり聴いた旨を相手に伝えること、相手の不平や不満や怒りの思いが正当であると理解した旨を伝えること、謝罪の言葉を発すること。これらを十分に行うことが前提です。その後で、即答できない旨を伝え、さらに、「あとでお答えします」の「あとで」が、いつなのか、できれば具体的に伝えます。

ただし、企業のクレーム対応のマニュアルには、「いつ」の具体的な明示は避けるように書かれていることが多いようです。

ある企業のクレーム対応のマニュアルには、ひと通り話を聴いて共感し（「それはご不快な思いをされましたね」）、不快な思いへの謝罪（「そのようなご不快な思いをさせてしまいまして申し訳ございませんでした」）をしたあと、感謝と回答の延期と曖昧な対策（「貴重なご意見をくださいまして、ありがとうございました。今後、社内で検討させて頂きたいと思います」）を言うように指示されています。

●柔よく剛を制する

非難や批判や苦情への対処法について述べてきました。非難や批判や苦情への対処の目標は、非難や批判や苦情を言う人の話を聴いて、信頼関係や人間関係を維持することです。さらにもう一つ、大切な目標があります。

それは、非難や批判や苦情を聴かされるあなた自身を守ることです。

ほかの人から非難を浴びる、批判される、苦情を言われる。このようなことがあれば、たいていの人は大なり小なりのショックを受けて、落ち込んだり、悩んだりします。困惑、不安、恥ずかしさ、自信喪失、あるいは不満や怒りを感じます。感情労働者として疲労します。

もし、あなたが、非難や批判や苦情で言われたことを悩み始めれば、心のエネルギーは、あれこれ考えることに費やされて消耗します。ひどくなれば、心の病気になるかもしれません。

そんなことにならないために、これまで述べてきた非難や批判や苦情への対処法を実行するのです。

そして、対処法を実行したあとは、あなた自身を守るために、自分を誉めてあげましょう。反論したくなったのに我慢ができたならば「よく我慢した。偉い！」と、自分に言ってあげましょう。代替案を示すことができたならば「よく思いついた。賢いなあ」と、自分に感心してあげましょう。「秘訣その5」でも述べたように、あなた自身のニックネームを使って「アイちゃんは大したもんだよ」とか、「トモ君はすごい」などと言ってあげても良いでしょう。

言葉のプレゼントだけでなく、自分に物をプレゼントしたり、美味しい物を食べたり飲んだりしても良いのです。あなた自身を誉めて、自分に優しくしてあげることは、自尊心が傷つくことを防ぎ、自信につながります。

このように自分で自分を誉めてあげることは、セルフ・コンパッション（self-compassion）の実践法の一つです（＊6）。

ところで、「柔よく剛を制す」という諺があります。古代中国の老子の思想を基に書かれたと言われる『三略』の中の一節だそうです。意味は、柔軟性のある者は、そのしなやかさによって、かえって剛強な者の矛先を巧みにそらして、結局は勝利を収めるということです。柔道や合気道などの格闘技の心がまえとして、引用されることがあります。

対人場面においても同じことが言えます。非難や批判や苦情の矛先を向けられても、すぐには反論せず、怒りにまかせた反撃もせず、しなやかに対応しましょう。そうすれば、その場では負けたようでも、自分を守ることにつながり、最後には勝利を収めることができます。

◆注

＊1「情動知能」は、英語のemotional intelligenceの訳語です。emotional intelligenceの略語ならば、EIと言うべきですが、ダニエル・ゴールマン（著）の『*Emotional intelligence: Why it can matter more than IQ*』が、日本では、土屋京子（訳）（一九九六）『EQ～こころの知能指数』（講談社）というタイトルで翻訳出版されました。そのため、EIではなく、EQとして普及しています。また、EQは、Emotional Intelligence Quotient（情動知能指数）の略語であると主張する人もいます。

＊2「感情労働（emotional labor）」という概念は、米国の社会学者A・R・ホックシールドが一九八三年に提唱した概念です。彼は、感情労働者には、「表層演技（surface acting）」と「深層演技（deep acting）」の二種類の演技が要求されると主張しています。本文で述べたのは、表層演技のことです。

　これに対して深層演技とは、他者から抱くことを期待されている感情を実際に抱けるように、自らの感じ方そのものを意図的にコントロールして変化させ、変化させた感情を自発的に表現しようとする試みです。深層演技は、表層演技よりも、当人の精神的な状態にとって良好な感情統制方略と位置づけられています（Brotheridge & Lee, 2003）が、そうではないという意見もあります（Bono & Vey, 2005; 榊原、二〇一一）。

・Hochschild, A.（1983）. *The Managed Heart: Commercialization of Human Feeling*. Berkeley, CA: University of California Press.

・Brotheridge, C. M., & Lee, R. T.（2003）. Development and validation of the Emotional Labour Scale. *Journal of Occupational and Organizational Psychology*, **76**, 365-379.

・Bono, J. E., & Vey, M. A.（2005）. Toward understanding emotional management at work: A quantitative review of emotional labor research. In C. E. Hartel, & W. J. Zerbe（Eds.）, *Emotions in Organizational Behavior*. New Jersey: Lawrence Erlbaum Associates, pp.213-233.

・榊原良太（二〇一一）感情労働研究の概観と感情労働方略の概念規定の見直し―概念規定に起因する問題点の指摘と新たな視点の提示―、東京大学大学院教育学研究科紀要、五一巻、一七五－一八二頁。

＊3　非難や批判や苦情やこれらに類することは、まとめてネガティブ・フィードバックと呼ぶことがあります。たとえば、繁桝江里（著）（二〇一〇）『ダメ出しコミュニケーションの社会心理―対人関係におけるネガティブ・フィードバックの効果―』（誠信書房）を参照してください。

＊4　この本の「秘訣その一　あいさつで始め、あいさつで終える」でも、私たち日本人は、感謝する場面で謝罪の言葉を言うことについて触れました。「秘訣その一」も読み直してみてください。

＊5　謝罪をすれば、相手の怒りを緩和できることは、神経生理学的にも証明されています。ただし、謝罪をしても相手の不快感までは抑制できないようです。

・Kubo, K., Okanoya, K., & Kawai, N.（2012）. Apology isn't good enough: An apology suppresses an approach motivation but not the physiological anger. *PLOS ONE*, March 22. https://doi.org/10.1371/journal.pone.0033006.

謝罪について、心理学の立場からの研究としては、大渕憲一（著）（二〇一〇）『謝罪の研究：釈明の心理とはたらき』（東北大学出版会）が参考になります。

＊6　セルフ・コンパッションについては、次の本が参考になります。

・クリスティーン・ネフ（著）、石村邦夫・樫村正美（訳）（二〇一四）『セルフ・コンパッション――あるがままの自分を受け入れる――』（金剛出版）

・メアリー・ウェルフォード（著）、石村邦夫・野村俊明（訳）（二〇一六）『実践セルフ・コンパッション――自分を追いつめず自信を築き上げる方法――』（誠信書房）

第7章

秘訣その七　まずは与える

●与えよ、さらば与えられん

新約聖書の中のマタイ福音書第七章に、「求めよ、さらば与えられん」という有名な言葉があります。この表現は、文語による日本語訳ですから、翻訳の仕方によっては、「求めなさい。そうすれば、あなた方は与えられるでしょう」という訳もあり得ます。

どのように訳すかはともかく、キリスト教的な意味でこの言葉を用いるときは、求める相手は神です。キリスト教の神は、絶対的存在です。人間の側がひたすら求めれば、最後には真の信仰が得られるという、信仰の主体的決断を説いたものだと言われています。

有名な言葉なので、宗教以外の場面でも、自分から積極的に求める姿勢が重要であることを教訓的に言うときに使われています。しかし、求める相手が人間のときには、相手が神のときとは話が違ってきます。ひたすら求めても、与えられないことが多々あります。それどころか、求めすぎたら相手に嫌われて、逃げられてしまうかもしれません。

人づきあいの秘訣の観点からすると、ひたすら求めるだけではダメです。ほかの人と関わるためには、求めるのではなく、まずは与えることです。「与えよ、さらば与えられん」です（＊1）。

●目に見えないものを与える

「まずは与えよう、と言われても、与えるものを持っていない」と思う人も、いるかもしれません。

確かに、与えるものをお金や品物に限定すれば、「与えるものを持っていない」という心配もあり得ますが、ここで強調したいのは、お金や品物ではありません。

対人心理学では、私たちがほかの人との関係で得るものを「報酬」と定義します。

お金や品物は、ほかの人との関係で得るものであり、まちがいなく報酬ですが、ほかの人との関係で得るものには、たとえば喜び、信用や信頼、尊敬や愛情などの精神的なものもあります。これらも、「報酬」の定義通り、ほかの人との関係で得るものですから、立派な報酬です。

このような精神的な報酬は、物理的な報酬と比べてみると、次のような特徴があります。

第一に、物理的な報酬は、目に見えて、その程度を数や量で測ることができますから、物理的な報酬が有限であることが分かります。そのため、ほかの人と競争したり奪い合ったりする対象となります。

これに対して、精神的な報酬は、目に見えず、簡単には、数や量で表せません。そのため、ほかの人と競争したり奪い合ったりする対象にはなりにくいものです。

第二に、物理的な報酬は、精神的な報酬を手に入れるための手段です。大金を手にすることや、すばらしい品物を持つことが報酬であるのは、これらが、ほかの人からの賞賛、地位の高さや自己満足という精神的な報酬と結びついているからです。物理的な報酬を手にすることによって、精神的な報酬を得ているのです。

これに対して、精神的な報酬は、物理的な報酬の手段ではありませんし、物理的な報酬を手にしなくても得ることができます。たとえば、客観的には見劣りする品物であっても、あるいは少額であっても、当人がそれらを得たことに喜びを感じていれば、精神的な報酬になり得ます。

第三に、物理的な報酬も精神的な報酬も、「報酬」の定義通り、ほかの人との関係で得るものです。たとえば、貴重な宝石を人知れず所有していて満足している人は、貴重な宝石に満足しているようにみえますが、「誰も持っていない物だ」とか「自分だけが、これだけの宝石を手にする資格がある」などという満足感や優越感は、ほかの人との比較やほかの人との関係において生じるものです。ほかの人の存在があって初めて得る喜びです。

このように考えてくると、結局、私たちにとって真の報酬とは、ほかの人間との関係の中で生じる精神的な報酬ということになります。

真の報酬は精神的なものなのですから、「まずは与えよう」を実行するときに、「与えるものを持っていない」と、心配する必要はありません。

なぜなら、あなたは、相手の精神的な報酬になり得るものを、たくさん持っているからです。

たとえば、あなたがそこに居るということだけでも相手の精神的な報酬になり得ます。あなたが居ることが、相手の喜びや安心や満足につながるならば、あなたの存在は、相手の報酬になります。あなたが相手に注目したり働きかけたりすることが、相手の喜びや安心や満足につながるならば、あなたの注目や働きかけは、相手の報酬になります。

あなたがもっている目に見えない報酬を、まずは、あなたから与えましょう。

具体的には、あなたから相手にあいさつをするのです。この本の「秘訣その一　あいさつで始め、あいさつで終える」をもう一度読んでください。

あなたから笑顔で話しかけて、相手が話しかけてきたら耳をかたむけてあげましょう。「秘訣その三　聴き上手になる」を再読してください。

あなたから相手に助けを求めるのも、与えることです。「秘訣その四　助けを求めて絆を強める」を再読してください。

あなたから、相手の長所や人格や才能や業績について言及して、賞賛を与えることもできます。また、あなたに対する相手のゆるしがたい言動について、あなたがゆるしを与えることもできます（＊2）。さらに、相手の言動があなたにとって、どれほど助かったか、うれしかったかを、言葉と表情や身振りで伝えて感謝を示すことも、あなたから相手に与えることです。

あなたから与えることができるものは、たくさんあります。

●ゆるせないことをゆるすには

相手に与えるものをたくさん持っていることが分かっても、「まずは与えよう」を実行しようとするときに妨げになるのは、相手が、与えるのに値する人だとは思えないときです。とくに相手に対して「ゆるせない」という思いがあるときは、「まずは与えよう」という気持ちになれません。敵に塩を送ることは、感情的には容易なことではありません。

対人心理学での「ゆるし」に関する研究では、「感情的な暖かさ」という性格特性が強い人は、相手の言動に対して寛容である傾向が高いことが分かっています（＊3）。逆に「感情的な暖かさ」がもともと弱い人は、簡単には相手をゆるすことができません。

「感情的な暖かさ」が弱い人は、どうしたらよいのでしょうか。

もともと持っている性格がどうであっても、以下に述べるようなやり方で、あなたの考え方や具体的な行動の仕方を変えれば、ゆるすことができるようになります。

第一に、ゆるせないことをした相手と、ゆるせないことを分けます。

ゆるせないことをした相手は、いつでも、誰にでも、ゆるせないことをしているのではありません。ゆるせない言動は、相手の全言動の中のごく一部分ですし、たまたま発生した一回限りの言動かもしれません。それなのに、あなたは、ゆるせないことを手がかりに、相手全体をゆるせない人だと評価していませんか。

ゆるすためには、ゆるせないことと、相手全体の評価とを切り離し、両者は別のことだと意識しましょう。「小林さんは、あんなことを言うなんて。小林さんはゆるせない」と思うのではなく、「小林さんは、あんなことを言うなんて。このことはゆるせない」と思うのです。切り離した上で、ゆるす対象は、相手の具体的な言動です。ゆるす対象が相手全体ではなく、相手の具体的な言動になって狭くなる分、ゆるしやすくなります。

第二に、相手の言動を「ゆるせない」と思っているのは、あなたの主観であることを確認しましょう。相手の言動がゆるせないのは、相手の言動に対して、あなたの解釈や基準によって下した判断の結果です。同じ言動を、相手は正当であると思っているでしょうし、第三者も正当であると思っているかもしれません。

ゆるすために、あなたの解釈を変えたり基準を下げたりすれば良いのです。そうすれば、相手のゆるせない言動は、ゆるせる言動に変化します。

第三に、相手の言動に対するあなたの解釈を変えたり基準を下げたりするために、相手の立場に立って、相手の視点から、あなたを見たり、物事や状況を見直したりしてください。

この本の「秘訣その二　相手の視点から世界を見る」を再読して、実行してみてください。相手の視点からこちらを見たら、どのように見えるのか頭の中に思い描き、ゆるせない言動を発した相手から、あなた自身を見てみてください。ゆるせないと思っていた言動が、違って解釈できるかもしれません。

第四に、相手が、あなたにとってゆるせない言動を、なぜしたのか、その原因を考えてください。相手は、なぜ、なんのために、あのような言動をしたのかを考えるのです。このとき、少なくとも2つ、原因を考え出してください。とくに2つめの原因は、右の第三に挙げた「相手の視点からこちらを見たり、物事や状況を見たり」しながら考えてください。

たとえば、最初に思いついた原因が「小林さんは私をバカにしているからだ」であっても、相手の視点から思いついた原因が「小林さんは私を励ましたかったんだ」とか「小林さんは、本当は気が弱くて臆病だからだ」などという原因も思いつけば、ゆるそうとする気持ちが高まります。

ただし、この例のように、相手をゆるすことに直結する原因が思いつかなくても良いのです。原因を2つ以上考えるという頭の中の作業自体が、ゆるせない相手の言動に対する解釈に変化をもたらす可能性があります。

第五に、ゆるせないという思いはそのままにして、あなたから相手にあいさつをしてみてください。ゆるせない相手にあいさつすることには抵抗があるでしょうが、決まりきった言葉で構いません。とにかく、こちらからあいさつをします。あいさつをすると、相手があいさつを返してくれます。それを見ると「ゆるせない」という思いが薄らぎます。

もし、あなたがあいさつしても、あいさつを返さないような相手ならば、ゆるす努力をやめても良いかもしれません。あいさつを返さない相手との関係は、かなり悪化していると判断して、あとは自然の成り行きに任せましょう。

ただし、「ゆるせない」という思いをそのままにしておくと、その思いにエネルギーが吸い取られてしまい、前向きな元気がでません。あるいは負のエネルギーが高まって、ゆるせない相手に仕返しや復讐がしたくなるかもしれません。仕返しや復讐は、相手の負のお返しを呼び、仕返しや復讐の応酬になる恐れがあります。そうなれば泥沼です。

結局、あなたは疲弊し傷つき、大きな損失を被ります。早い時期に、ゆるす方が、あなたの利益につながります。

●感謝の思いを強く伝える言い方

ゆるせない言動とは逆に、相手の言動があなたにとって救いであったり、うれしかったりしたら、感謝の思いを伝えましょう。

感謝の思いは、あなたがいくら強く抱いていても、それだけでは相手に伝わりません。

感謝の思いは、言葉にしたり、表情や身振りで表現したりして、はじめて相手に伝わります。感謝の思いは、与えるものです。

感謝の言葉は、単純な「どうも」や「ありがとう」から、「感謝申し上げます」まで、相手との関係によっていろいろあり得ますが、どのような言葉であってもよいので、感謝の思いをとにかく言葉で伝えましょう。

あなたが発する感謝の言葉が、形式的なものではないことを伝えるためには、何に感謝しているのか、感謝の具体的な対象を明示しながら言います。

たとえば、単に「ありがとう」と言うのではなく、「手伝ってくれて、ありがとう」と言います。感謝する場面では、多くの場合、感謝の言葉を言う人も言われる人も、お互いに理由は分かっていますから、何に感謝しているのか、いちいち口に出さないほうが自然な表現かもしれません。だからこそ、感謝の対象をあえて口にすることで、感謝の思いの強さを伝えることができます。

感謝する場面では、感謝の言葉を言う人も言われる人も、お互いに理由は分かっているようでありながら、実は両者の認識がずれていることがあります。

たとえば、本を貸してくれた友達に「本を貸してくれて、ありがとう」と言った場合と、「すぐに貸してくれて、ありがとう」と言った場合を比べてみてください。感謝する側は、すぐに貸してくれたことに感謝したくて、「ありがとう」と言ったとしても、本を貸した人は、単に本を貸したことを感謝されていると思うかもしれません。感謝の対象を明示すれば、このような認識のずれを防ぐことができます。

さらに、もうひと言、「肯定的な結果」の言葉を添えると、あなたの感謝の思いが強く、はっきり伝わります。

たとえば、「資料づくりを手伝ってくれてありがとう。お陰で会議に間に合いました」などのように言います。「肯定的な結果」に言及することは、この本の「秘訣その四 助けを求めて絆を深める」の「言葉を添えて頼む」に書いたことと対応します。つまり、ものを頼むときは、肯定的な結果に言及しながら頼み、感謝するときも、肯定的な結果に言及しながら感謝の思いを伝えるのです。

肯定的な結果の代わりに、あるいは肯定的な結果に加えて、「肯定的な感情」を伝えることもできます。

たとえば、肯定的な結果の代わりに、「資料づくりを手伝ってくれてありがとう。とてもうれしかったです」と言ったり、肯定的な結果に加えて「資料づくりを手伝ってくれてありがとう。お陰で会議に間に合いました。とてもうれしかったです」と言ったりすることができます。

　感謝する場面では、肯定的な感情であることは当然なので、これも、いちいち口に出さないほうが自然な表現かもしれませんが、肯定的な感情の内容には多様性があります。たとえば、「ありがとう、うれしい」と言った場合と、「ありがとう、ほっとした」と言った場合を比べてみてください。同じ「ありがとう」でも、肯定的な感情を具体的に伝えることで、なぜ感謝しているのかが明確になり、感謝の言葉が表面的なあいさつ言葉ではなくなり、感謝の思いを強く伝えることができます（＊4）。

　ところで、私たち日本人は、「ありがとう」と感謝の言葉を口にするべき場面で、「すみません」と謝罪の言葉を口にすることについては、この本の「秘訣その一　あいさつで始め、あいさつで終える」で書きました。あなたも、感謝の場面で、しばしば「すみません」を口にしているではないしょうか。

　その「すみません」と言うのをやめて、「ありがとう」と言ってみましょう。

「すみません」は気軽に言われすぎて、伝えたい思いが〝すり減って〟いますので、感謝の思いを伝えたいならば「すみません」ではなく「ありがとう」と言ってみてください。感謝の思いだけでなく、謝罪の思いも伝えたいのであれば、「すみません」と言ったあとに、「ありがとう」を加えてみましょう。形式的な「すみません」よりも、あなたの感謝の気持ちを強く伝えることができます。

言うまでもないことですが、どのような言葉で伝えるにしても、感謝の思いを相手に伝えるときは、感謝の思いとマッチした表情や身振りが伴っていることが大切です。

●感謝をすると、なぜ人間関係が良くなるのか

私の共同研究者が、小学校高学年の子どもたちに感謝の伝え方を教えると、どんな効果が生まれるかを実験しました。

一方の学級の子どもたちには、「相手との距離は、できるだけ近くから」、「相手の目を見て」、「笑顔などの明るい表情で」、「相手にハッキリ聞こえる明るい声」で「ありがとう、と言いましょう」と、表情や身振りをひとつひとつ取り上げ、ロールプレイなども行って感謝の伝え方を教えました。別の学級の子ども達には、このようなことは教えませんでした。感謝の伝え方を教える前と、教えたあと一週間後と、一ヶ月後に、両方

の学級の子どもたちにアンケートを実施して、子どもたちの変化を調べました。

その結果、感謝の伝え方を教えた学級の子どもたちのほうが、教えなかった学級の子どもたちよりも、「ありがとう」を言う回数も、「ありがとう」を言われる回数も増えていました。また、困っているときや悩んでいるときに、ほかの子どもから助けてもらえることが多くなりました。さらに、ほかの子どもと意見がぶつかり合う場面で上手に折り合うことができるようになりました。

私の別の共同研究者は、大学生を対象にして、感謝の表明が人間関係に及ぼす影響を実験しました。

大学生に、ひとりひとり実験室に来てもらい、「相手がしてくれたことの何に感謝しているか具体的に説明する」など、すでに、この本で述べた感謝の伝え方を具体的に教えました。また、教えたことを日常生活で実践するよう促すために、三日に一度、Web上のアンケート票に、いつ、どこで、誰に実行したかを報告させました。

一週間後に実験室に再び来てもらい、「なぜ、相手に感謝の気持ちを伝えることが大切なのか、その理由を考えてみましょう」、「相手に感謝の気持ちを伝えるとき、あなたが気をつけることについて、思いつく限り多く挙げてみましょう」などの質問に答えさせて、感謝の表明の意義について再学習させせました。また、感謝すべき十の場面を提示して、どのような言動をとると良いかを答えさせる紙上ロールプレイをさせせました。

そしてさらに一週間、三日に一度、Web上のアンケート票に報告をさせて、日常生活での実践を促しました。

このようなトレーニングをした大学生たちは、トレーニング前と比べると、感謝の伝え方が上手になり、その結果、孤独感が低くなっていました（＊5）。

これらの研究例が示すように、感謝の適切な伝え方を学んで実践すると、ほかの人たちとの交流が活発になり、人間関係が好転することは、実験的に証明されています。なぜ、このような肯定的な結果が生じるのでしょうか。

感謝の思いを適切に伝えると、相手は、自分が行った言動が肯定的に評価されたことをはっきり認識します。自分の言動が良い結果を生んだことが分かり、うれしくなり、その言動を再び繰り返そうと動機づけられて、感謝を表明した人をリポートする言動が増えます（＊6）。

そのような言動を受け取ると、感謝を表明した人は、感謝の思いがさらに湧きますし、相手との関係が良好になっていると思い、相手とは争わず、協力しようとします。その結果、対人的なストレスや孤独感が減ります。

こうなれば、相手との関係には好循環が起こります。さらに、この好循環は、第三者に対しても、サポートしようという気持ちを高めて、人間関係の輪を拡げていきます。

●親密度の深い話を与える

人づきあいの秘訣は、「まずは与えること」であり、与えることができるものの中には、ゆるしや感謝も含まれると、話を進めてきました。さらにもう一つ、だれもが持っていて、こちらから与えることができるものがあります。

それは、あなたが話す話題です。

あなたがほかの人に話す話は、話の内容がどの程度、あなたの本心であるか、あるいは、どの程度、あなたのプライバシーに関わるかによって、親密度のレベルを設けることができます。

たとえば、純粋に仕事の話であれば、話の内容は、あなたの本心とは関わりがなく、個人のプライバシーにも関わりませんから、親密度が極めて浅い話題です。趣味の話や家族の話は、親密度が深い話題になってきます。本心や本音や、個人の秘密や悩み、あるいは性的嗜好やLGBTに関わる話などであれば、親密度が極めて深い話題です。

あなたの私的な側面に関わる話であっても、肩書きや既に公表されている情報であれば、親密度は必ずしも深い話題ではありません。また、あなたの本心や個人の秘密や悩みであれば常に親密度が深い話題であるということではなく、あなたと、その話を聴く相手との関係や立場によって、同じ話題であっても話題の親密度は変化します。

このような話題の親密度を意識したうえで、特定の相手との関係を今よりも深めたいときは、話題の親密度を、これまでの話よりも少し深くします。このような話をすると、相手は、あなたのことをこれまでよりも深く理解する手がかりを得ることができます。何を考えているのか分からない人と親しくなりたいとは思いませんが、あなたのことが分かればその分、相手はあなたと親しくなりたいと思います。

また、相手は、あなたが親密度の深い話をしてくれたこと自体をうれしく思います。親密度の深い話を聞く相手として「自分が選ばれた」と思うからです。その結果、相手はあなたに対する警戒心のレベルを下げて、相手も、自分のことに関する親密度の深い話題を話して、お返しをしてきます（＊7）。

こうして、あなたは自分のことを話すことによって、相手のことを深く知ることができます。これを繰り返せば、お互いの信頼感が深まり人間関係は親密になっていきます。

あなたから、本心や秘密や悩み、あなたの内面や弱点などを人に話すのは、勇気が要りますし、リスクも伴います。

相手があなたの話を受け入れてくれなかったり、呆《あき》れたり軽蔑したりするかもしれません。そうなれば、相手との関係は気まずい関係になってしまいます。最悪の場合、相手があなたを攻撃する材料に、その情報を使う恐れもあります。だからこそ、あなたから親密度の深い話を相手に話すことに価値があるのです。

ただし、初対面の人や、それほど親しくない人に対し、いきなり親密度の深い話をすると、失礼だと思われたり、変な人だと思われたりします（＊8）。コツは、これまでの話よりも少しだけ深い話をすることです。

●ポジティブな雰囲気を与える

人づきあいの秘訣は、「まずは与えること」ですが、与えるときのあなたの状態も重要なポイントです。

相手にあいさつをする場合はもちろん、相手にゆるしを与える場合でも、感謝を与える場合でも、親密度の深い話を与える場合でも、あなたが暗い顔をして、元気のない声だったら、効果がなかったり逆効果になったりします。

たとえば、暗い顔をして元気のない声で「もう気にしていない」とか、「ありがとう、助かりました」などと言った場合を想像してみてください。相手は、あなたの言葉とは逆の意味に受けとるかもしれません。

あなたから与えるときは、できるだけポジティブな雰囲気で与えます。あるいは、ポジティブな雰囲気そのものを与えます。相手にポジティブに接するのです。

ここで言うポジティブとは、明るい、元気、活発、情熱的、熱血、力強い、積極的、肯定的、前向き、建設的、未来志向、協調的、協力的、共感的、寛大など、全てを含みます。これらの単語を連想させるよう、あなたの表情や身振りや動きを実行します。

感謝の言葉を口にするときに、肯定的な結果や、肯定的な感情の言葉を添えることをお奨めしました。肯定的な結果や肯定的な感情を表す言葉は、ポジティブな雰囲気を与えることでもあります。

相手に助けを求めるときに、肯定的な結果に言及すること（「秘訣その四」を再読してください）、自分の思いを伝えるときに肯定的な言い方を心がけること（「秘訣その五」を再読してください）もお奨めしましたが、これらも、相手にポジティブな雰囲気を与えることです。

こちらからポジティブな雰囲気を与えれば、相手も明るい気持ちになり元気が出て、前向きになります。ポジティブな雰囲気の人は、ほかの人を引きつけます。

このように言うと、「私はポジティブな人間ではないから、そんなことはできない」と答える人がいます。ここで言いたいのは、ポジティブな人間になることではなく、ポジティブな雰囲気を与えることです。

あなたが、たとえポジティブな性格でなくても、また、たとえ今ポジティブな気分ではなくても、ポジティブに聞こえる言葉を口にして、ポジティブに見える表情や身ぶりをすれば、あなたから相手にポジティブな雰囲気を与えることができます。

ほかの人にポジティブな雰囲気を与えるよう、私が実行していることの一つは、〝顔晴る〟ことです。

私は、人と会う前や、講師として人前に立つ前には、頭の中で「ガンバレ」と自分に声をかけて、次に「ガンバレ」を「顔晴れ」という文字に変換します。そして実際に、唇の両脇を引き上げます。こうして顔晴ると、私の気持ちも前向きになります。

私たちの感情と表情の関係は、普通は、感情が表情に出るのですが、逆に、特定の表情をすると、作った表情に対応する感情状態が生じてきます。これは、心理学の専門用語では「顔面フィードバック現象」と呼ばれています。

「楽しいから笑うのではない。笑うから楽しいのだ」という明言があるそうです。ポジティブな雰囲気を与えようとすると、あなた自身も実際にポジティブな気分になります。また、あなたのポジティブな雰囲気を受けとった相手が、明るい気持ちになったことが見て取れれば、あなたの気持ちはさらに、ポジティブになります。

人と会うときは、考え方を「ポジティブな雰囲気を与えよう」と切り替えて、言葉や行動をポジティブなものにすれば、あなたも相手も実際に、明るく元気に、活発に、肯定的に、積極的に、前向きに……つまりポジティブになるのです。「あなたが笑えば、世界も笑う」という明言もあります。この明言の通りだと思います。そして、世界が笑えば、最終的には、あなたの運命も変わります（＊9）。

●まずは与える

この「秘訣その七」では、「まずは与える」ことをお奨めしてきましたが、実は、この本全体のテーマが、「まずは与える」なのです。そのつもりで「秘訣その一」から、「秘訣その六」までを読み直してみてください。

あなたから何らかのモノを相手に与えることによって、それまでよりも良い人づきあいが始まったり、深まったりします。まずは、あなたから与えてみるのです。あなたから与えれば、相手は何らかのお返しをしてきます。なぜならば、私たち人間は、お返しをする動物だからです。

私たち人類の祖先は、与えられたら、その人にお返しをするという性質を遺伝的に代々受け継ぎ、長い進化の過程でこの性質を身につけてきました。

この性質を十分に身につけない人類の祖先もいたかもしれませんが、そのような祖先は、ほかの人との助け合いのネットワークが少ないので、子孫を残す機会が減り、長い時の流れの中で淘汰されました。お返しの性質を身につけて実践した祖先は、子孫を残せる機会が増えて、この地球上で生き残れる可能性が増えました。

こうして地球上で生き残ってきた人類は、お返しをする性質を身につけ、この性質を社会全体で実践するために「与えられたらお返しをすべきだ」というルールも作ってきました（＊10）。

このように私たちには、お返しをしようとする性質がありますし、お返しを促す社会的なルールの中で生きていますから、あなたから何かを与えれば、相手は、「ありがたい」と思うだけでなく、あなたが労力や時間などを支払ったことに対して「すみません」という思いを抱きます。

この本の「秘訣その四　助けを求めて絆を強める」で述べたように、この「すみません」「お返しをしなければならない」という義務感が、言わば心の借金になって、相手は、あなたにお返しをしようという気持ちになるのです。

もちろん、相手が「お返しをしよう」という気持ちになっても、実際にお返しをしてくれるとは限りません。あるいは、そもそも「お返しをしよう」という気持ちに、ならないこともあるかもしれません。与えることが、無駄や徒労に終わることもあります。しかし、無駄や徒労や失敗などのネガティブな結果を心配して、何もしなかったら、相手との関係は何も始まりませんし、何も変化しません。

また、無駄や徒労や失敗だったという結果は、こちらから与えてみなければ分からなかったことです。こちらから、まずは与えてみたからこそ、分かった結果です。まずは与えてみて、その結果を見て、次のことを考えれば良いのです。

あなたが、ほかの人との関係を始めたり深めたりしたいならば、あるいは、ほかの人から何かを得たいのならば、まずは、あなたから相手に与えることです。

まずは与える。これが、人づき合いの極意であり、秘訣です。

◆注

＊1 「与えよ、さらば与えられん」という表現は、私が「求めよ、さらば与えられん」をもじって作

り出したつもりで、相川　充（著）（一九九六）『利益とコストの人間学』（講談社）で、初めて使いました。ところが、あとから、「与えよ、さらば与えられん」を意味する言葉も、新約聖書のルカの福音書第六章にあることを知りました。口語的な翻訳では「与えなさい。そうすれば、あなたがたにも与えられる」と表記されているようです。

＊2　他人の過失や失敗などを責めないでおく意味での「ゆるす」は、漢字で書けば「赦す」です。許可を意味する「許す」ではありません。この本では、「赦す」と表記したいところですが、この表記はあまり使われていませんので、平仮名にしました。心理学の学術論文でも平仮名で表記することが多いからです。たとえば、以下の論文も平仮名で表記していますし、平仮名で表記する理由も述べています。

・山本琢俟（二〇一八）大学生・大学院生における感情制御方略の使用傾向がゆるし傾向性に与える影響、教育カウンセリング研究、九巻、一五‐二三頁。

＊3　「感情的な暖かさ」という性格特性と、ゆるしの関係についての研究例は、以下のようなものがあります。

・加藤　司・谷口弘一（二〇〇九）許し尺度の作成の試み、教育心理学研究、五七巻、一五八‐一六七頁。

＊4　「肯定的な結果」と「肯定的な感情」を相手に伝えることは、この本の「秘訣その四　助けを求めて絆を強める」でも、「秘訣その五　自分の思いは伝える」でも書きました。それぞれの箇所を再読してください。

＊5　私の共同研究者が、小学生を対象にして行った実験については、以下の学会で発表しました。
・藤枝静暁・相川　充（二〇一三）小学生の感謝スキルの習得を目標としたソーシャルスキル教育の効果に関する実験的検討（1）―児童による自己評定結果の分析―、日本教育心理学会第五五回総会発表論文集、二九二頁。
・藤枝静暁・相川　充（二〇一三）小学生の感謝スキルの習得を目標としたソーシャルスキル教育の効果に関する実験的検討（2）―児童による仲間評定と教師による児童評定の分析―、日本社会心理学会五四回大会発表論文集、四一八頁。
・藤枝静暁・増南太志・相川　充（二〇一六）小学校におけるソーシャルスキル教育を中心とした心理教育の縦断実践研究（6）―感情スキル教育の効果の検討―、日本教育心理学会第五八回総会（ポスター発表PD75）、大会発表論文集、四六五頁。
　私の別の共同研究者が、大学生を対象にして行った実験については、以下の学会で発表しました。
・酒井智弘・相川　充（二〇一七）感謝表出スキルが知覚されたサポートを媒介して孤独感に及ぼす影響過程、日本社会心理学会第五八回大会、ポスター発表。日本社会心理学会第五八回大会発表論文集、一七二頁。

＊6　感謝の思いを表明すると、相手の言動を動機づけることは、親が幼児に対する言葉かけでも応用できます。たとえば親は、実践してほしい言動を幼児がわずかでも実行したら、誉めると同時に「ありがとう」と言うのです。そうすると、幼児はその実践してほしい行動を頻繁に行おうとします。

公共のトイレの壁に「いつもきれいに使ってくださって、ありがとうございます。」という表示がしてあることがあります。（男性用トイレだけでしょうか？）これは、感謝の思いをあらかじめ表明することで、実践してほしい行動の実行を動機づけているのです。

感謝の表明が相手の言動を動機づける実験例は、以下の研究が有名です。

・Grant, A. M., & Gino, F.（2010）. A little thanks goes a long way: Explaining why gratitude expressions motivate prosocial behavior. *Journal of Personality and Social Psychology*, **98**, 946–955.

＊7　自分に関する話題を人に話すことは、心理学の専門用語では、「自己開示」（self disclosure）と言います。こちらの話題の親密度に合わせて、相手が自分の話題の親密を変えることは、「自己開示の返報性」と言います。

自己開示の返報性について、私は実験室実験で実証しました。実験では、話し手が「最適な睡眠時間」というような親密度の浅い話をしたときと、「今まででもっとも恥ずかしかったこと」というような親密度の深い話をしたときに、それぞれの話題の聞き手がどんな話題を選んで応じるかを調べました。その結果、親密度の浅い話題の聞き手は、自分も表面的な話題を選び、親密度の深い話題の聞き手は、同じ程度に深い話題を選びました。

・相川　充・大城トモ子・横川和章（一九八三）魅力と返報性に及ぼす自己開示の効果、心理学研究、五四巻、二〇〇‐二〇三頁。

＊8　こちらから自分のことを話すことに対して、相手がどう思うのか、これについての研究には、次のような研究例があります。

・熊野道子（二〇〇二）自ら進んで自己開示する場合と尋ねられて自己開示する場合との相違、教育心理学研究、五〇巻、四五六‐四六四頁。

＊9　ここで、いきなり「運命」が出てきたのは、私が、マハトマ・ガンディー（モハンダス・カラムチャンド・ガンディー）の次の言葉を思い出したからです。次の言葉は、ポジティブ心理学の観点からして、また、認知行動療法の観点からして、まさに至言です。

Keep your thoughts positive,
because your thoughts become your words.
Keep your words positive,

because your words become your behaviors.
Keep your behaviors positive,
because your behaviors become your habits.
Keep your habits positive,
because your habits become your values.
Keep your values positive,
because your values become your destiny.

＊10　お返しは、心理学の専門用語では互恵性（reciprocity）、または返報性と言います。互恵的利他性（reciprocal altruism）、好意の互恵性（reciprocity of liking）などの用語でも研究されています。お返しの社会的ルールのことは、専門用語では互恵性規範（reciprocity norm）と言います。

おわりに——人づきあい7つの秘訣の取り扱い上の注意

○この本で紹介した人づきあいの秘訣は、どの秘訣も、この本を読んで「分かった」というだけでは、あなたの人づきあいに効果を発揮しません。あなたが実行して初めて、あなたの人づきあいに効果を及ぼします。秘訣を、あるいは、それぞれの秘訣を支えている複数のコツやスキルを、とにかく実行してみてください。

実行するときに、秘訣について、あるいはコツやスキルについて、完全に理解している必要はありません。理解していなくても、まずは試しに実行してみてください。実行してみれば、相手の反応で、あなたの実行の仕方が良かったのか悪かったのかが分かります。その結果に応じて修正を加えてください。

修正を加えるときには、この本の該当する部分を、もう一度、読み直してください。修正を加えたうえで、また実行してください。

これを繰り返すうちに、それぞれの秘訣が持っている奥深い意義に納得する日がやって来ます。

◯７つの秘訣は、それぞれ個別に説明をしましたが、７つの秘訣はお互いに関連し合っています。ある一つの秘訣の背後に、別の秘訣の実行が前提になっていることもあります。

また、７つの秘訣は、この本で紹介した順番には大きな意味はありません。この本で説明した順番に実行するのが自然な順番ですが、どの秘訣から実行しても構いません。７つの秘訣は相互に関連し合っていますから、どれか一つの秘訣を実行するときに、別の秘訣も意識すると、あるいは、どれか一つの秘訣を実行するときに、別の秘訣を並行して実行すると、効果が増します。

◯一日に一つの秘訣を意識して実行すると効果がはっきり分かります。ある日は「あいさつで始め、あいさつで終える」ことを意識して一日を過ごし、別の日は、「相手の視点から世界を見る」ことを意識して過ごし、さらに別の日は「聴き上手になる」ことを意識して過ごします。

こうして過ごしたその日の終わりに、その日がどんな一日であったか、また、ほか人や出来事に対するあなたの見方や考え方に何かポジティブな変化が起こっていないか、振り返ってみましょう。

○「はじめに」にも書いたように、なぜ、秘訣が7つなのでしょうか？　また、なぜ、この本のタイトルに「なぜ」と「？」が付いているのでしょうか。これらの疑問に対する答えが分からなければ、この本をもう一度、最初から最後まで読んでください。

＊

最後になりましたが、新世社編集部の御園生晴彦氏に心より感謝申し上げます。御園生氏は、私にこの本を執筆する機会を与えてくださり、一時は執筆意欲を失いかけた私を励ましてくださり、原稿の仕上がりを辛抱強く待ってくださいました。本当にありがとうございました。

著者紹介

相川《あいかわ》　充《あつし》

専門：社会心理学（対人心理学）、ソーシャルスキルに関する理論とトレーニングについて研究している。

1978年　茨城大学人文学部卒業
1983年　広島大学大学院教育学研究科博士課程修了　博士（心理学）
現　在　筑波大学大学院人間総合科学研究科教授

主著：『新版　人づきあいの技術』（サイエンス社）
『先生のためのソーシャルスキル』（サイエンス社）
『上司と部下のためのソーシャルスキル』（共著、サイエンス社）
『イラスト版 子どものモラルスキル』（共著、合同出版）
『イラスト版 子どものソーシャルスキル』（共著、合同出版）
『反常識の対人心理学』［電子書籍］（NHK出版）
『コミュニケーションと対人関係』（共編著、誠信書房）
『人間関係を支える心理学』（共編著、北大路書房）など

新世ライブラリ Life & Society ― 2

人づきあい、なぜ７つの秘訣？
―ポジティブ心理学からのヒント―

2019年6月25日©　　初　版　発　行

著　者　相　川　　充　　　発行者　森 平 敏 孝
印刷者　馬 場 信 幸
製本者　米 良 孝 司

【発行】　**株式会社　新世社**
〒151-0051　東京都渋谷区千駄ヶ谷1丁目3番25号
編集☎(03)5474-8818(代)　サイエンスビル

【発売】　**株式会社　サイエンス社**
〒151-0051　東京都渋谷区千駄ヶ谷1丁目3番25号
営業☎(03)5474-8500(代)　振替 00170-7-2387
FAX☎(03)5474-8900

印刷　三美印刷　　製本　ブックアート
《検印省略》

ISBN978-4-88384-295-7
PRINTED IN JAPAN

サイエンス社・新世社のホームページのご案内
http://www.saiensu.co.jp
ご意見・ご要望は
shin@saiensu.co.jp　まで.